Edition Paashaas Verlag

Für Anny ...

Krimiparty
Sonderausgabe 9

Die Wette

Autor: Cornelia H.-Müller
Cover-Motive: Pixabay.de
Cover designed by Michael Frädrich
© Edition Paashaas Verlag, www.verlag-epv.de
ISBN: 978-3-945725-98-6
Printed: BoD, Norderstedt
Neuerscheinung Dezember 2016

Die Deutsche Nationalbibliothek verzeichnet diese Publikation in der Deutschen Nationalbibliografie; detaillierte bibliografische Daten sind im Internet über http://dnb.d-nb.de abrufbar.

Inhaltsverzeichnis

Einleitung

Mithilfe dieses Buches können Sie zu Hause gemeinsam mit Ihren Familienmitgliedern und Gästen auf Tätersuche gehen. Sie tauchen ein in einen spannenden Mordfall, ermitteln, befragen und bewerten Tatsachen und Aussagen.

Dabei werden von niemandem schauspielerische Fähigkeiten verlangt. Sie sitzen mit Ihren Mitspielern in gemütlicher Runde beisammen und versuchen gemeinsam, dem Täter auf die Spur zu kommen!

Zu diesem Krimi gibt es eine Geschichte des Verbrechens, die in der Runde vorgelesen wird und darüber informiert, was passiert ist, sowie Rollenbeschreibungen für alle Mitspieler und eine schlüssige Auflösung.

Der Krimi ist so angelegt, dass an einem Ort ermittelt wird. Ob Sie also im Wohnzimmer oder im Freien während eines Grillfestes versuchen, mit Ihren Gästen den Fall zu lösen, spielt keine Rolle.

Das Buch ist mit dem Internet gekoppelt.
Das benötigte Zubehör können Sie ganz einfach herunterladen und ausdrucken. Einladungen, Namensschilder, Kurzbeschreibung und Rollentexte finden Sie auf:
http://www.verlag-epv.de im Bereich Downloads Krimiparty.

Ihre Zugangsdaten lauten:
Benutzername: krimipartywette
Passwort: hmueller16

So funktioniert ein Mitspielkrimi!
Erklärungen zur Durchführung

Lesen Sie die Grundgeschichte und die dazu gehörenden Rollen bitte gründlich durch. Überlegen Sie, welcher Mitspieler welche Rolle übernehmen soll. Es ist kein Problem, wenn einmal eine Dame eine Herrenrolle übernimmt oder umgekehrt. Wenn Sie allerdings auch mit ermitteln wollen, ohne zu wissen, wer der Täter ist, vergeben Sie die Rollen blind und lesen Sie keinesfalls die Auflösung durch. Auf diese Weise werden auch Sie als Gastgeber zum "echten" Ermittler.

Haben Sie einen Internet-Anschluss? Dann können Sie unter **www.verlag-epv.de** die einzelnen Rollen für Ihre Gäste herunterladen und ausdrucken. Sollten Sie diese Möglichkeit nicht haben, kopieren Sie sie aus dem Buch.

Die Rollentexte bestehen aus 2 Blättern; dem Vorstellungstext und den geheimen Hinweisen. Wir empfehlen, die Texte erst am Spielabend selbst an die Mitspieler zu vergeben. Wenn Ihre Gäste aber bereits entsprechend gekleidet zu Ihrem Ermittlungsabend kommen sollen, können Sie die Vorstellungstexte mit der Einladung versenden. Weisen Sie in diesem Fall aber bitte darauf hin, dass diese Texte zum Spielabend wieder mitgebracht werden müssen. Die geheimen Hinweise werden auf jeden Fall erst am Spielabend selbst vergeben.

Bereiten Sie Namensschilder mit den Rollennamen für Ihre Gäste vor, diese werden am Spielabend mit einem Klebestreifen oder Klämmerchen für alle sichtbar angeheftet. Auch diese sind im Internet zum Download hinterlegt.

Drucken Sie für jeden Gast eine Kurzbeschreibung aus; sie erleichtert den Einstieg und hilft, sich die neuen Spiel-Namen zu merken.

Der Spielablauf

Ihre Gäste werden sicher schon sehr gespannt sein, was sie erwartet. Damit Ihr Krimiabend zum Erfolg wird, noch folgende Tipps:

Schaffen Sie eine gemütliche Atmosphäre und vermeiden Sie zu helles Licht. Stellen Sie Kerzen oder kleine Lichter auf; dies schafft den richtigen Rahmen. Legen Sie bitte für jeden Gast Papier und Stift bereit. Notizen zur Geschichte und zu den einzelnen Aussagen der Mitspieler sind wichtige Stützen bei der Ermittlungsarbeit. Halten Sie bitte auch für jeden Gast die ausgedruckte Kurzbeschreibung des Falles bereit.

Haben Sie ein Abendessen für Ihre Gäste vorgesehen?

Wenn Sie ein Menü mit mehreren Gängen servieren, gehen Sie wie folgt vor:

Verteilen Sie vor der Vorspeise die Namensschilder. Jeder Gast weiß nun, wen er heute Abend charakterlich vertritt.

Lesen Sie nach der Vorspeise die Geschichte vor. Es ist in der Geschichte vermerkt, an welcher Stelle die Handlung unterbrochen werden kann, um den Hauptgang zu genießen. Auf diese Weise wird Ihr Abend zu einem richtigen Krimidinner.

Danach erhält jeder Gast seine persönliche Rolle, die aus Vorstellungstext und Hinweisen (Geheimtext) besteht. Diese Texte werden nun von den Mitspielern diskret studiert. Wenn alle Gäste soweit sind und ihre Rolle gelesen haben, beginnt die Vorstellungsrunde. Alle Mitspieler lesen reihum ihren Vorstellungstext vor.

Der geheime Text enthält weitere Informationen und ergänzt die Geschichte; er wird nicht vorgelesen, sondern bietet Hintergrundwissen, welches jede einzelne Person zum Ermitteln benötigt und dann nach eigenem Geschick in die Ermittlungen einbringen kann. Der Mörder erfährt in seinem Geheimtext auch, dass er der Täter ist.

Nach der Vorstellungsrunde beginnen die Ermittlungen; durch Vorstellungs- und Geheimtext ergeben sich viele Fragen, die nun gestellt und beantwortet werden. Lügen, darauf sollten Sie Ihre Gäste noch einmal hinweisen, darf wirklich nur der Täter. Alle anderen müssen sich nahe an der Wahrheit orientieren.

Wenn die Ermittlungen abgeschlossen sind, verteilen Sie Zettel. Hier kann jeder seinen Namen und seinen Täterverdacht aufschreiben. Sammeln Sie die Zettel ein. Danach servieren Sie, wenn es vorgesehen ist, das Dessert.

Zum Abschluss lesen Sie als Gastgeber die Auflösung des Falles vor. Erst jetzt darf sich der Täter zu erkennen geben!
Geben Sie bekannt, wie viele Mitspieler anhand der eingesammelten Zettel den richtigen Täter ermittelt haben – eventuell machen Sie daraus sogar ein kleines

Gewinnspiel, indem Sie etwas verlosen. Das sorgt sicher noch einmal für viel Spaß. Das Schlusswort bietet den humorvollen Abschluss des Abends.

Wenn Sie kein Abendessen, sondern nur einen kleinen Snack planen, gehen Sie wie folgt vor:

- Begrüßung der Gäste und Verteilung der Namensschilder und der Kurzbeschreibung

- Verteilung von Papier und Bleistift für Notizen

- Vorlesen der Grundgeschichte

- Verteilen der Rollentexte

- Diskretes Studieren der Rollentexte

- Vorstellungsrunde

- Ermittlungen

- Täterverdacht aufschreiben lassen

- Verlesen der Auflösung

- Bekanntgabe, wer richtig geraten hat - und wenn es vorgesehen ist, Ziehung des Gewinners

- Verlesen des Schlusswortes

Häufig gestellte Fragen zur Durchführung:

Frage: Weiß der Mörder, dass er der Täter ist?
Antwort: Ja, dies steht ausdrücklich im Geheimtext seiner Rolle.

Frage: Dürfen die Gäste schummeln und flunkern?
Antwort: Nur der Mörder darf dies tun. Die anderen sollten sich nahe an der Wahrheit orientieren.

Frage. Ich habe mehr Gäste als Rollen. Was nun?
Antwort: Wir haben in der Geschichte sogenannte Gastrollen vorgesehen. Wenn es heißt: 7-10 Mitspieler, gibt es 7 größere Rollen und 3 kleinere Gastrollen. Die größeren Rollen müssen, die Gastrollen können besetzt werden.

Sollten Sie die doppelte Anzahl Gäste haben, können Sie an 2 Tischen gleichzeitig spielen. Bereiten Sie Rollen und Zubehör zweimal vor, lesen Sie die Geschichte zentral vor und ermitteln Sie danach an 2 Tischen. Sie werden sehen, dass auch dies reibungslos funktioniert. Vermutlich werden die Tische zu ganz unterschiedlichen Ergebnissen kommen; es kommt immer ganz darauf an, wie sich die einzelnen Mitspieler verhalten.

Frage: Müssen alle Gäste ungefähr gleich alt sein?
Antwort: Nein. Wir haben in unseren Testrunden mit Personen verschiedenen Alters in gemischten Gruppen gespielt. Unsere Mitspieler waren von 16 bis 80 Jahre alt, und allen hat es großen Spaß bereitet!

Frage: Muss alles aus dem Vorstellungstext auch vorgetragen werden?
Antwort: Ja, der Text der Vorstellungsrunde ist so angelegt,

dass er wichtige Informationen gibt, ohne die die Ermittlungen rasch langweilig werden.

Frage: Meine Frage war hier nicht aufgeführt; ich benötige Hilfe.
Antwort: Wenden Sie sich bitte an
<u>glashauskrimi@glashauskrimi.de</u>
und schreiben Sie der Autorin eine Mail. Sie wird Ihnen alle anstehenden Fragen zum Gelingen Ihrer privaten Krimiparty gerne beantworten.

Die Einladung

Wenn Sie Ihre Gäste schriftlich einladen wollen, können Sie z. B. diesen Text als Vorlage nutzen. Im Internet finden Sie eine vorbereitete Einladung, die Sie ausdrucken können.

Einladung zur Krimiparty
Tatort: _______________________________

Die Ermittlungen beginnen am _______________

um _______________ Uhr.

Für das leibliche Wohl ist ebenso gesorgt, wie für spannende Unterhaltung, denn es gibt tatsächlich einen Mord aufzuklären. Klar, dass wir dabei deine/eure Unterstützung benötigen.

Falls ihr eine Lesebrille tragt, vergesst sie bitte nicht, denn ihr erhaltet selbstverständlich Akteneinsicht.

Ich würde mich sehr freuen, wenn du/ ihr komm(s)t.
Herzliche Grüße.

Antwort bitte per Tel.

____

Kurzbeschreibung Die Wette
Ein Mitspielkrimi für 7-11 Personen

Es spielen mit:
George, Lord Ashtenburry (58)
Lady Marjorie Ashtenburry (56)
Arthur Smith, Notar (52)
Meril Smith, Tochter von Arthur (18)
Carol Rowney (54), Ehefrau von Carl
Susan Rowney (34), Tochter
Ted McDonald, Geschäftsmann (30)
Vinni McCloster, Köchin
Inspector Hannibal Winter
Sergeant David Mulley
Beobachter

Zum Inhalt:
Lord George Ashtenburry musste nach Börsenturbulenzen sein schottisches Anwesen, das altehrwürdige Linley-Castle, veräußern. Der neue Besitzer ist Carl Rowney, ein texanischer Ölmilliardär. Er lädt die Ashtenburrys und weitere Gäste zum Dinner auf das Schloss ein.

Keine leichten Zeiten für Thomas Banister, den gleich mit erworbenen Butler des Hauses, der Lord und Lady Ashtenburry viele Jahre treu ergeben zu Diensten war. Trotzdem spricht alles für einen launigen Abend, bis sich Carl Rowney und Lord Ashtenburry auf eine geradezu aberwitzige Wette einlassen.
Noch vor 24:00 Uhr gibt es eine Leiche und Inspector Hannibal Winter wird es nicht einfach haben, den Mord aufzuklären und den Anwesenden ihre Geheimnisse zu entlocken.

<u>**Und hier noch ein Wort zu den Spielregeln:**</u>
Alle Mitspieler sollten sich nahe an der Wahrheit orientieren;
schwindeln darf nur der Mörder. Dieser muss allerdings
vorsichtig sein, denn wird er beim Schwindeln erwischt,
glaubt man ihm gar nichts mehr!

Ich wünsche Ihnen viel Vergnügen und einen Mordsspaß!
Cornelia H.-Müller

Die Rollenverteilung

Dieser Krimi ist für ca. 8-11 Personen geeignet.
Bei 7 Personen ohne Hannibal, Vinni und Mulley
Bei 8 Personen mit Hannibal Winter
Bei 9 Personen mit Vinni
Bei 10 Personen mit Mulley
Bei 11 Personen mit Beobachter

Wenn Hannibal nicht mitspielt:
Der Text von Hannibal Winter muss in der Vorstellungsrunde
auf jeden Fall mit vorgelesen werden; er hat noch wichtige
Hinweise. Geben Sie den Text von Hannibal dann an Meril;
sie kann sein Wissen mit in den Abend übertragen.

Die Grundgeschichte zum Vorlesen
Die Wette!

<u>Einführungstext:</u>

„Oh mein Gott, was ist denn das?" Lady Marjorie Ashtenburry stand das Entsetzen ins Gesicht geschrieben, als sie die lange Auffahrt hinauf zu Linley-Castle fuhren.
„Halt sofort an, George!"
Ihre Stimme überschlug sich fast vor Aufregung.

Lord George Ashtenburry trat auf die Bremse des alten Rolls Royce, einem Überbleibsel aus besseren Zeiten.
Aus einiger Entfernung sahen die beiden zum prächtigen Portal von Linley-Castle, ihrem ehemaligen Zuhause.
Links und rechts von der schweren Eingangstüre wehte die amerikanische Flagge und auch oben auf dem Turm wehte das Sternenbanner im Wind.
Der Blick von Lady Ashtenburry richtete sich allerdings nicht auf die Banner, sondern auf ein Gebilde, welches mitten vor dem Portal errichtet worden war. Dort, wo bis vor wenigen Wochen noch eine wunderschöne alte Brunnenanlage aus dem 16. Jahrhundert das Anwesen geziert hatte, stand jetzt, inmitten eines aufgeblasenen Luftkissens, ein seltsames Gebilde mit einem Sattel obenauf.
„Was um alles in der Welt ist das?", hauchte Marjorie.
„Nun, ich glaube, man nennt es Elektrischen Bullen!", stellte der Lord mit heiserer Stimme fest.
„Elektrischer Bulle? Hier … vor dem Schloss? Was macht man damit und wo … wo ist der Brunnen?"
„Auf einem elektrischen Bullen reitet man! Man setzt sich obendrauf, er bewegt sich, je nach Einstellung mal mehr oder weniger heftig und man versucht, sich möglichst lange obenauf zu halten!"

„Ich verstehe nicht", Marjorie schien durcheinander. „Haben sie denn keine Pferde?"
„Es ist wohl mehr eine Art Sport, meine Liebe!"
„Und wo ist der Brunnen? Hat er ihn abgerissen?"
„Sieht ganz so aus."

Ashtenburry startete den Wagen neu und fuhr langsam vor das Portal. Der elektrische Bulle befand sich tatsächlich genau an der Stelle, an der früher der prächtige Figurenbrunnen, erbaut von einem der Vorfahren der Ashtenburrys, gestanden hatte.

Eine Weile schwiegen der Lord und die Lady.

„Es geht uns nichts mehr an", stellte George schließlich mit fester Stimme fest. „Das Schloss gehört ihm und er kann damit machen, was immer er möchte."
„Bedauerlicherweise kann er das", sagte Marjorie. „Und es ist ebenso bedauerlich, dass wir diese Einladung annehmen mussten. Ich wünschte, der Abend wäre bereits vorbei.

Der Lord seufzte tief. „Du weißt, dass ich meine Gründe habe. Und jetzt ... lass uns hineingehen."

Carl Rowney betrat, wie immer mit kariertem Hemd, spitzen Westernstiefeln und Cowboyhut bekleidet, den großen Weinkeller im alten Gemäuer von Linley-Castle und betätigte mehrmals den schwarzen Lichtschalter. Im vorderen Gewölbe blieb es dunkel, nur hinten, im zweiten Gewölbe, sorgte jetzt eine Neonröhre für ausreichendes Licht.
„Hm", grummelte Rowney und wandte sich an Banister, seinen Butler, der gleich hinter ihm stand. „Hier vorne ist das Licht kaputt. Fletcher soll morgen mal danach sehen!"
Banister nickte.

Rowney grunzte zufrieden und schritt weiter in den hinteren, nun beleuchteten Teil des Kellers und betrachtete stolz sein Eigentum. Er hatte das Anwesen samt Inventar gekauft und der Weinkeller hatte es ihm besonders angetan. Er erstreckte sich über 2 große Gewölbe von 200 qm. In über 50 Weinregalen lagerten gut und gerne 2000 Flaschen besten Weins und edle Champagner.
Rowney tätschelte Erwin, seinem deutschen Schäferhund, den Kopf, zündete sich eine Zigarre an und stieß die Qualmwolke genüsslich aus. Dann schritt er stolz die Regale ab. Ab und zu blieb er stehen, zog eine der verstaubten Flaschen aus dem Regal und las das Etikett.

„Und, Banister", fragte er nun und drehte sich zu seinem Butler um, der ihm in angemessenem Abstand folgte, „was kredenzen wir unseren Gästen zur Feier?"

Banister trat einen Schritt näher.
„Nun, Sir, Mrs. McCloster wird als ersten Gang eine Clear Oxtail an Petersilie reichen. Dazu würde ich einen leichten Schaumwein empfehlen. Da er gekühlt sein muss, habe ich mir bereits heute Morgen erlaubt, einen Schaumwein aus der Shiraz-Rebe kalt zu legen.

Rowney trat einen Schritt näher. „Und, was kann er?"

Banister legte den Kopf schief: „Er ist unkompliziert und aufgeschlossen. Seine Aromatik nach Pflaume, Lakritze und weißem Pfeffer nimmt einen direkt gefangen. Er kitzelt am Gaumen und macht Lust auf mehr."

„HA!", Rowneys Lachen hallte durch das Gewölbe, „wunderbar, Banister, einfach wunderbar. Da wird seine Lordschaft aber Augen machen, was?"

„Nun", sagte Banister, „Lord Ashtenburry kaufte diesen Schaumwein 2009 bei einer Auktion; ich nehme an, er wird sich noch an diesen Wein erinnern und hoch erfreut sein, dass er ihn heute hier genießen kann."
„Und was nehmen wir zum Hauptgang?"

Banister ließ nicht lange mit der Antwort auf sich warten.
„Da es zum Hauptgang Wild geben wird, würde ich einen Pierre de Roche empfehlen. Er ist weich und lange am Gaumen. Außerdem, wenn ich mir auch diese Bemerkung erlauben darf, hat er eine holzige und warme Note!"

Rowney grinste.
„Sehr gut, Banister. Genau diesen hätte ich natürlich auch empfohlen. Haben wir denn genug davon?"
Er sah sich suchend in den Regalen um.
Banister räusperte sich. „Nun, Sir, der Pierre de Roche liegt hier hinten. Es müssten noch gut 10 Flaschen sein, wenn ich mich nicht irre."
Banister ging 4 Regale weiter und nahm vorsichtig eine Flasche aus dem Regal. Er reichte sie Rowney.

Dieser betrachtete sie kurz, nickte zufrieden und zog einen Korkenzieher aus der Tasche.
Kurz darauf schnüffelte er am geöffneten Flaschenhals, setzte diesen an und nahm einen kräftigen Schluck.
„Ja, der ist gut. Den nehmen wir. Kommen wir mit 9 Flaschen hin? Was meinst du, Banister?"
Der Butler nickte.
„9 Flaschen scheinen mir für 8 Personen doch reichlich, Sir."
„Gut. Dann wäre das geklärt. Bring den Wein schon einmal hinauf. Sind unsere Gäste schon da?"

Banister nickte erneut.

„Ja, Sir. Seine Lordschaft ist soeben eingetroffen. Sie haben das Queen Victoria-Zimmer im Westflügel bezogen. Und Arthur Smith und seine Tochter Meril haben die King George-Suite, gleich daneben.“

„Ah. Die kleine Smith ist da. Sorgen Sie dafür, dass sie alles hat. Ich freue mich schon darauf, sie spielen zu hören. Sie hat mir versprochen, heute hier auf dem Flügel ein kleines Privatkonzert zu geben.“

„Das wird sicher ein Hochgenuss“, stellte Banister fest. „Sie spielt, soweit mir bekannt ist, bereits in den besten Häusern!“

„Ja, einfach ein Jahrhunderttalent“, lächelte Rowney versonnen. „Und was ist mit Ted McDonald? Ist er auch da?“

„Jawohl, Sir. Mr. Ted McDonald wohnt im Heinrich VIII.-Zimmer, gleich neben Ihrer Tochter Susan.“

„Dann sind ja alle hier, die wir eingeladen haben“, stellte Carl Rowney zufrieden fest und steuerte den alten Sessel vor einem der schweren Eichen-Weinregale an. Hier hatten schon seit Einrichtung des Weinkellers vor gut 100 Jahren die jeweiligen Besitzer des Schlosses gesessen und sich von der Welt zurückgezogen. „Ich mache jetzt noch ein kleines Nickerchen. Später hätte ich dann gerne meinen täglichen Marillenkuchen. Und nimm den Hund mit hinauf, ja?“

Der Notar Arthur Smith verstaute soeben seine Garderobe in dem großen Schrank der King George-Suite, als sein Handy läutete. Meril, die ebenfalls mit Auspacken beschäftigt war, verzog das Gesicht.

„Du weißt, dass ich nicht nur zum Vergnügen hier bin", sagte
Arthur milde.
Er ging in ein Nebenzimmer und nahm das Gespräch an.
Meril huschte leise hinter ihm her und lauschte an der Türe.
„Natürlich habe ich alles vorbereitet wie besprochen", hörte
sie ihren Vater sagen. „Jetzt gleich? In Ordnung, dann komme
ich in 15 Minuten."
Arthur legte auf und ging zurück.

Meril schaffte es gerade noch, aufs Bett zu springen und so zu
tun, als habe sie gelesen.
„Ich muss kurz in die Bibliothek", sagte der Notar zu seiner
Tochter und nahm seine Aktentasche aus dem Schrank. „Es
wird nicht lange dauern."
Dann strich er ihr über den Kopf und verließ das Zimmer.

Meril blieb ebenso ratlos wie wütend zurück. Sie fragte sich,
wie lange er sie wohl noch so anlügen wollte.

Carol hatte eine sehr warme Winterjacke angezogen und stand
nun an dem kleinen See, gleich hinter dem Schloss. Es würde
bald Schnee geben, dies konnte man förmlich riechen.
Plötzlich hörte sie hinter sich ein Geräusch. Lady Marjorie
Ashtenburry kam quer über das Grundstück auf sie zu.
„Hallo, Carol. Schön, dass ich Sie hier draußen sehe. Ich
müsste dringend etwas mit Ihnen besprechen. Haben Sie einen
Moment Zeit?"
Carol blickte erstaunt auf. „Natürlich, wollen wir ein paar
Schritte gehen?"

Banister betrat die Küche am frühen Nachmittag. Erwin folgte
ihm und lief zielsicher zu dem großen Tisch unter dem Fenster.

Auf diesem stand, wie täglich um diese Uhrzeit, ein Teller mit einem Stück Marillenkuchen für Mr. Rowney. Erwin setzte sich vor den Teller und kläffte zweimal unmissverständlich.

„Na, braver Junge", sagte der Butler, „der schmeckt dir auch, was?"

Sein Blick wanderte zur Anrichte. Dort lag auf einem großen Backblech der Rest des Kuchens, es waren mindestens noch 12 Stücke.

„Weißt du was", sagte Banister und nahm den für Mr. Rowney bestimmten Kuchen vom Teller. „Der hier ist für uns."

Er biss ein Stück ab und verfütterte den Rest an Erwin, der begeistert mit dem Schwanz wedelte.

Danach nahm er ein neues Stück vom Backblech und drapierte es auf dem für Rowney bestimmten Teller.

Susan stand in der hauseigenen Kapelle und sah sich ergriffen um. Ihr Atem ging schneller, es war ein Ort voller Erinnerungen. Als Austauschschülerin, damals vor gut 18 Jahren, war sie oft hierhergekommen. Sie setzte sich vorne in die erste Holzbank. Die Mutter Gottes strahlte nach wie vor über dem kleinen, mit frischen Blumen geschmückten Altar. Sie sah auf die Uhr. Würde er kommen? Als sie den leisen Luftzug der Eingangstüre spürte, erschauderte sie. Dann drehte sie sich um und flog förmlich in seine Arme.

Im großen Speisesaal glänzten die wertvollen Kristallgläser und das echte Silberbesteck um die Wette. Banister legte großen Wert auf gepflegte Gastlichkeit. Er hatte mit dem besten Porzellan eindecken lassen und alle Kerzen im großen Kronleuchter entzündet. Der Kamin brannte ebenfalls und die Flammen wärmten den Raum auf angenehme Weise.

Nachdem alle Gäste ihren Platz eingenommen hatten, servierte
Mrs. McCloster die Suppe und schenkte den Schaumwein ein.

„Wo ist Banister?“, fragte Rowney überrascht.
„Es ist ihm sehr unangenehm“, sagte Mrs. McCloster, „aber er
ist krank. Sehr krank!“
„Krank? Was hat er denn?“
Susans Stimme klang ehrlich besorgt.
„Nun, eine plötzliche Übelkeit, verbunden mit Magen-
krämpfen! Doktor Snow war bereits hier und hat ihm
Medikamente gegeben. Insofern wurde alles getan. Er
bedauert es sehr, aber er wird heute Abend nicht servieren
können!“

„Weiß jemand, wo der Hund ist?“, fragte Carol. „Ich habe ihn
seit heute Nachmittag nicht mehr gesehen.“
Rowney horchte auf.
„Erwin? Er war zuletzt mit mir im Weinkeller und ist mit
Banister hochgegangen. Ich nehme an, er stromert über das
Grundstück.

Rowney nahm sein Glas, hielt es hoch und ergriff das Wort:
„Ich freue mich, dass alle gekommen sind. Lasst uns nun
essen. Nach dem Dinner wird unser lieber Gast, Miss Meril
Smith, eine kleine Kostprobe ihres Könnens im Musikzimmer
geben. Sie dürfen sich also auf ein Klavierkonzert freuen.“

Ein Raunen ging durch den Speisesaal und Susan, Carol und
Lady Ashtenburry applaudierten spontan vor Begeisterung.

„Sie sind ja wirklich ein bereits viel gefeiertes Talent“, sagte
Susan. „Ich freue mich darauf, Sie spielen zu hören!“
Meril lächelte schüchtern und ihre Wangen liefen rot an.

„Nach Mitternacht habe ich dann noch zwei Überraschungen für euch!", kündigte Carl an.

„Gleich zwei Überraschungen?" Susan sah ihren Vater erstaunt an. „Was meinst du?"

„Das wirst du dann schon sehen", erklärte Carl. „Sei aber versichert, dass es, insbesondere für dich, eine fantastische Sache werden wird." Er prostete in die Runde. „Also, jetzt lasst uns essen!"

Am Ende des Tisches hielt Lord Ashtenburry sein Glas mit dem Schaumwein prüfend ins Kerzenlicht. Dann nahm er konzentriert einen ersten und kurz darauf einen zweiten Schluck.

„Sehr gut, sehr gut", sagte er dann mit geschlossenen Augen. „Pflaume, Lakritze, ein Hauch von weißem Pfeffer ... Das muss der Shiraz sein."

Seine Augen leuchteten, als er die Worte aussprach.

„Das schmecken Sie?", fragte Carl Rowney.

Die Verwunderung war ihm deutlich anzusehen.

„Natürlich. Dieses Aroma ist unverwechselbar. Ich kaufte ihn 2009 bei einer Auktion."

„Mein Mann ist ein sehr großer Weinliebhaber", erklärte Marjorie und wandte sich Carol zu, die neben ihr saß. „Er kann, glaube ich, jeden Wein aus dem Keller zuordnen!"

„Das glaube ich nicht", entgegnete Rowney ärgerlich. Er knallte die Serviette neben sich.

„Oh, Papa ist beleidigt, weil jemand etwas kann, wozu er nicht fähig ist", flüsterte Susan amüsiert und zwinkerte Meril zu, die neben ihr Platz genommen hatte. „Nun wird er es gleich darauf ankommen lassen, wetten?“

„Mrs. McCloster, holen Sie den Rotwein!“, raunte Rowney und sah Ashtenburry herausfordernd an.

„Carl“, rief Carol, „wir haben die Suppe doch noch gar nicht auf. Den Rotwein gibt es erst zum Wild.“

„Ich will das jetzt wissen!“, erklärte Rowney. Er gab Mrs. McCloster ein unmissverständliches Zeichen.
Der Rotwein wurde in einem Dekanter hineingetragen und glänzte kurz darauf in dem Glas von Ashtenburry.

Dieser nahm das Glas und hielt es erneut gegen das Licht. Er schwenkte es kurz und beobachtete die Schlieren, die der Wein am Glasinneren hinterließ. Dann zog er es ganz dicht vor seine Nase, steckte diese tief in das Glas und nahm einen tiefen Atemzug. Diesen Vorgang wiederholte der Lord noch zweimal, um dann einen ordentlichen Schluck zu nehmen.

Er ließ diesen gute 10 Sekunden auf seiner Zunge liegen, spülte den edlen Rebensaft zunächst nach rechts, dann nach links, schürzte die Lippen einige Male ... Dann schluckte er und lächelte entspannt.
„Er ist weich, lange am Gaumen und er hat eine holzige und warme Note! Es ist der Pierre de Roche.“

Einen Moment sagte niemand etwas.
Dann stand Rowney auf und stellte sich neben Ashtenburry.
„Hat Banister Ihnen einen Tipp gegeben?“

„Aber nein. Woher hätte er wissen sollen, dass das Gespräch heute Abend auf diesen Wein kommt? Ich bin ziemlich sicher, dass ich jeden meiner, Entschuldigung, Ihrer Weine erkennen und bestimmen kann."

„Da halte ich gegen!", brüllte Rowney.

„Nun brülle doch nicht so 'rum!", schimpfte Carol. „Wir haben Gäste und ich möchte jetzt in Ruhe dieses Mahl zu Ende einnehmen. Wie übrigens alle anderen auch, Carl."

„Nun", sagte Lord Ashtenburry freundlich. „Wir können ja wetten. Wir Engländer lieben es geradezu, zu wetten."

„Um was?", fragte Rowney und zündete sich eine Zigarre an.

„Um Linley-Castle?"
Sofort war es mucksmäuschenstill im Raum. Carol legte den Löffel nieder und starrte ihren Mann an.

„Um das Schloss?", wisperte Rowney heiser.

„Ja, warum nicht", sagte der Lord heiter und nahm einen Löffel Suppe. Er lächelte in die Runde und sah in lauter entsetzte Gesichter. Einzig Meril schien entspannt, ja geradezu amüsiert, zuzuhören.

„Sie meinen also, Sie erkennen jede Flasche Wein, die unten im Keller lagert und können sie bestimmen?"
Rowney ging hinter Ashtenburry auf und ab.

„Das würde ich mir durchaus zutrauen, ja!", erklärte Ashtenburry und nahm erneut einen Löffel der Suppe zu sich.

„Dad, jetzt lass den Unsinn und setzt dich wieder! Du willst doch nicht ernsthaft um das Schloss wetten?" Susan sah ihren

Vater aufgebracht an.
Dieser ignorierte sie einfach.

„Was setzen Sie dagegen, Ashtenburry? Setzen Sie das Geld,
welches Sie von mir für das alles hier bekommen haben?"

„Oh, ich bedauere. Die 5 Millionen US-Dollar sind mehr oder
weniger in die Tilgung unserer Schulden geflossen", erklärte
Ashtenburry. „Aber ich könnte den Rolls Royce setzen!"

„Nein!" Marjorie blickte entsetzt auf. „Der Wagen. Du weißt,
wie viel er mir bedeutet!"

„Der alte Schrotthaufen da draußen?" Ted stand auf und sah
aus dem Fenster. „Der ist doch nun wirklich nichts wert!"

„Halt die Klappe, Ted", raunte Carl. „Diesen Wagen wollte ich
bereits, als wir das Schloss kauften. Aber Eure Lordschaft
wollte ihn nicht rausrücken. Noch nicht einmal für weitere
100.000 Dollar."

„Du hast 100.000 Dollar für diesen Wagen geboten? Der ist
doch steinalt. Was ist denn daran so wertvoll?" Susan sah ihren
Vater geradezu fassungslos an.

„Dieser Rolls gehörte einst den Windsors. Queen Elizabeth II
und Prinz Philip sind mit genau diesem Wagen zur Trauung
von Charles und Diana gefahren. Er bedeutet uns sehr viel!",
erklärte Marjorie und war tatsächlich fast den Tränen nahe.

„Waren Sie damals auch auf der Hochzeit?"
Carol sah Marjorie staunend an.

„Natürlich", antwortete Marjorie verwundert. „Natürlich

waren wir da, wie der gesamte britische Hochadel, natürlich!"

„Top, die Wette gilt", sagte Rowney und hielt Ashtenburry die Hand hin.
„George, bitte, der Wagen ...!"
Marjorie sah ihren Mann flehend an.

Der Lord übersah die Hand, tupfte sich vornehm mit der Serviette den Mund ab und stand auf.

„Wir legen zunächst die Bedingungen fest! Sie suchen einen beliebigen Wein aus dem Keller aus. Natürlich muss klar sein, dass es einer der Weine ist, die bereits hier lagerten, als Sie das Schloss erworben haben."

„Das versteht sich von selbst", erklärte Rowney, „ich habe noch nichts nachgekauft; der Keller ist ja noch voll."
Er nahm einen tiefen Zug aus seiner Zigarre und fuhr dann fort.
„Gewinnen Sie, bekommen Sie das verdammte Schloss zurück. Arthur hier ist Notar, er wird alles in die Wege leiten. Gewinne ich, bestelle ich Ihnen für den Heimweg ein Taxi. Der Rolls Royce bleibt dann sofort hier stehen!"

Die Männer sahen sich tief in die Augen und schüttelten sich dann die Hände.
„Abgemacht!", sagte Lord Ashtenburry.
„Abgemacht!", erklärte Rowney und kaute mit einem siegessicheren Lächeln auf den Lippen auf seiner Zigarre. Er lief um den Tisch herum und setzte sich wieder an seinen Platz vor Kopf der Tafel.

„Damit Sie mir später nicht unterstellen, ich hätte im Keller geschnüffelt, schlage ich vor, dass ich mich, wenn Sie den Wein aussuchen, in die Bibliothek begebe und dort auf Sie und

Ihre Auswahl warte!", sagte der Lord und nahm einen Schluck
Schaumwein.

„Sehr gut, Ashtenburry; ich sehe, Sie sind ein Mann mit
Format. Genau das wollte ich auch soeben vorschlagen.
Schließlich möchte ich sicherstellen, dass Sie mit niemandem
reden. Fehlt mir noch, dass Sie einen Tipp bekommen oder so
was."

Ashtenburry lächelte generös.
„Natürlich. Ich werde etwas lesen, während Sie den Wein
auswählen! Und eine Tasse Tee dazu, das wäre reizend."

„Von mir aus!", murmelte Rowney. „Und die Bibliothek wird
abgeschlossen. Den Schlüssel bekommt Arthur. Der ist Notar
und wird gut darauf aufpassen. Und jetzt lasst uns endlich
essen; die Suppe ist ja schon fast kalt."

***Sollten Sie ein Menü servieren, können Sie an dieser Stelle
eine Pause einlegen und den nächsten Gang servieren.
Lesen Sie den Rest der Geschichte dann im Anschluss daran
vor.***

Nach dem Dinner wurde Lord Ashtenburry von der
Gesellschaft über den langen Gang vom Speisesaal hinüber zur
Bibliothek begleitet. Mrs. McCloster ging mit einem Tablett,
bestückt mit einer Tasse Tee und einem Stück Marillenkuchen
voraus, und die anderen folgten, angeregt plaudernd, in
kurzem Abstand.

In der Bibliothek angekommen trat der Lord an eines der
Bücherregale und nahm einen Band heraus.
Damit setzte er sich in einen gemütlichen Sessel am Fenster.
Mrs. McCloster servierte den Tee und den Marillenkuchen auf

dem kleinen Abstelltisch daneben.

„Es wird nicht lange dauern", erklärte Arthur seinem Freund
George mit einem Blick auf seine Armbanduhr. „Es ist jetzt
22:50 Uhr. Um 23:30 Uhr werde ich dich wieder befreien."
Er verließ mit den anderen Gästen die Bibliothek, schloss die
Türe ab und steckte den Schlüssel sein.

„Wir treffen uns also um 23:30 Uhr wieder im Speisesaal",
sagte Arthur Smith in die Runde. „Das ist in einer halben
Stunde." Er wandte sich an Carl. „Reicht Ihnen die Zeit, um
den Wein auszusuchen?"

Rowney lächelte.
„Natürlich reicht mir das. Ich brauche ja nur in eines der
Regale zu greifen! Ist Erwin eigentlich wieder aufgetaucht?"

Um 23:30 Uhr öffnete Arthur Smith die Bibliothek.
Lord Ashtenburry legte sein Buch beiseite.
„Ist es soweit?", fragte der Lord.
„Ja, George. Nun kommt es auf dich an!"

Kurz darauf betraten die beiden gemeinsam den Speisesaal, in
welchem sich Carol, Susan, Ted, Meril und Lady Ashtenburry
bereits versammelt hatten.

„Nun, wo sind der Hausherr und der gute Tropfen?", fragte
Arthur und sah Carol an.

Diese wirkte verstimmt.
„Keine Ahnung, vermutlich ist er im Weinkeller eingeschlafen.
Da steht dieser alte Sessel; er verschläft oft den ganz Abend
darin."

„Gut, dann werde ich kurz nach ihm sehen“, erklärte Arthur.
Er verließ den Raum, um Minuten später leichenblass wieder im Speisesaal zu erscheinen.
„Es ist etwas passiert“, sagte er mit leicht zittriger Stimme.
Sein Blick suchte Carol. „Es tut mir so leid, Carol, ich fürchte, wir müssen Scotland Yard anrufen!“

„Warum, was ist denn?“
Carol sprang auf und ging Arthur entgegen.

Einen Moment zögerte Arthur. Dann sagte er mit fester Stimme: „Carl ist tot! Er ... liegt im Weinkeller.“

Eine halbe Stunde später war Scotland Yard vor Ort und im Speisesaal von Linley-Castle versammelte sich eine kleine Gesellschaft, um den Tod von Carl Rowney aufzuklären.

Und hier noch eine ergänzende Erklärung zu unserer Geschichte, die Sie Ihren Gästen nicht vorenthalten sollten:
Gleich wird in der Vorstellungsrunde der National Trust erwähnt.
Der National Trust ist eine gemeinnützige Organisation, die Objekte aus dem Bereich der Denkmalpflege und des Naturschutzes in England, Wales und Nordirland betreut.

Hannibal Winter, Inspector

Vorstellungstext bitte als 1. in der Runde vorlesen.

Carl Rowney wurde mit einer Flasche Wein erschlagen. Er lag tot in einem Sessel im Weinkeller. Der Tod trat zwischen 23:00 Uhr und 23:30 Uhr ein. Wir haben Grund zu der Annahme, dass es heute gleich 2 Anschläge auf das Leben von Mr. Rowney gab.

Unsere Mitarbeiter haben bei der Durchsuchung des Grundstückes den toten Schäferhund von Mr. Rowney gefunden. Er starb an einer Vergiftung. Und Mr. Banister, der Butler des Hauses, leidet ebenfalls an einer Vergiftung. Dies hat der Polizeiarzt eben festgestellt. Mr. Banister hat eben auf dem Krankenbett ausgesagt, dass er ein Stück Marillenkuchen mit dem Hund geteilt hat. Geteilt ist, dafür ist Mr. Banister sehr dankbar, nicht ganz richtig. Er hat nur einmal hineingebissen und den Rest dem Hund gegeben.

Da dieses Stück Kuchen eigentlich für Carl Rowney gedacht war, gehen wir also davon aus, dass Mr. Rowney bereits heute Nachmittag vergiftet werden sollte. Nachdem dieser Versuch fehl schlug, hat der Täter heute Abend, im wahrsten Sinne des Wortes, erneut zugeschlagen.

Bitte teilen Sie mir mit, was Sie heute in der Zeit zwischen 23:00 Uhr und 23:30 Uhr getan haben und ob Sie etwas Verdächtiges beobachtet haben. Außerdem interessiert mich natürlich, wer ein Motiv hatte, Mr. Rowney nach dem Leben zu trachten. Denken Sie immer daran: Gemordet wird in den meisten Fällen aus enttäuschter Liebe, aus Gier oder auch aus Rache und Hass.

Was Inspector Winter sonst noch weiß:
Weitere Informationen für dich! Du darfst von all diesem Wissen in der Ermittlungsrunde Gebrauch machen! Wenn du etwas gefragt wirst, solltest du die Wahrheit sagen, denn du bist nicht der Täter und hast nichts zu befürchten.

Versuche zu klären:
Wer beerbt Carl Rowney?
Rowney war Milliardär. Gibt es einen Ehevertrag?
Wer wusste davon, dass es täglich Marillenkuchen für Mr. Rowney gab und dieser dann immer in der Küche bereitstand?
Es kann auch sein, dass du nach 2 Tätern suchen musst; dass also der Giftanschlag mit dem Marillenkuchen und der Mord im Keller von zwei verschiedenen Tätern verübt wurde.

Banister hat eben ausgesagt, dass er Ted McDonald heute in der Stadt gesehen hat. Er wurde offensichtlich von 2 sehr übel aussehenden Typen bedroht.
Banister hat weiter ausgesagt, dass er Carl Rowney von dieser Beobachtung berichtet hat. Dieser sei danach sehr aufgebracht und besorgt gewesen. Was hat es damit auf sich?

Banister erwähnte bei eurem Gespräch, dass er künftig nicht mehr als Butler arbeiten wird. Er will sich als Buchautor versuchen. Wie kann er sich das leisten? Er ist doch gerade einmal 40 Jahre alt.

Höre genau hin, wenn die einzelnen Personen ihre Aussagen machen.

Zum Schluss der Ermittlungen schreibt jeder für sich auf, wen er für den Täter hält und anschließend lösen wir den Fall gemeinsam auf.

Lord George Ashtenburry
Vorstellungstext bitte als 2. in der Runde vorlesen.

Da ich während der Tatzeit in der Bibliothek festsaß und erst nach dem Mord aus der selbigen befreit wurde, steht wohl fest, dass ich als Täter ausscheide. Wir haben uns im Frühjahr von Linley-Castle trennen müssen. Es war einfach nicht mehr möglich, die Unterhaltskosten aufzubringen. Ich hätte das Schloss gerne dem National Trust übergeben, aber nach dem Börsencrash benötigte ich das Geld eines Verkaufs. Dies ist sehr bedauerlich und ich habe in letzter Zeit häufig darüber nachgedacht, wie ich das Schloss unentgeltlich zurückbekommen kann, um es dann doch dem National Trust zu übereignen. Die einzige Chance lag in einer Wette und so kamen Marjorie und ich auf die Idee mit dem Wein. Alleine deshalb sind wir heute Abend hier erschienen. Bei der Wette, da bin ich sicher, hätte ich gute Chancen gehabt, denn ich kenne mich in meinem ehemaligen Weinkeller sehr gut aus. Ein Versuch war es wert. Marjorie und ich würden übrigens nie wieder hier einziehen. Wir sind froh, dass wir jetzt in einem wunderbaren, beheizten Landhaus ohne Treppen wohnen. Die Unterhaltskosten dort sind, verglichen mit denen des Schlosses, kaum erwähnenswert. Nur Banister, den haben wir schmerzlich vermisst. Leider wird er seine Tätigkeit als Butler aufgeben; wir hätten ihn sonst gebeten, wieder für uns zu arbeiten. Die meisten der hier anwesenden Personen sind uns nur flüchtig bekannt; Arthur Smith und seine Tochter Meril sind allerdings wirklich gute Freunde und zu allen Zeiten gern gesehene Gäste in unserem Hause.

Was Lord Ashtenburry sonst noch weiß:
Weitere Informationen für dich! Du darfst von all diesem Wissen in der Ermittlungsrunde Gebrauch machen! Wenn du etwas gefragt wirst, solltest du die Wahrheit sagen, denn du bist nicht der Täter und hast nichts zu befürchten.

Banister war in die Pläne der Wette eingeweiht und hat dir die beiden Tischweine zum Abendessen vorab verraten.
Außerdem hat er dafür gesorgt, dass im vorderen Teil des Kellers das Licht defekt war. Ihr habt gehofft, dass Rowney den Wein dadurch im hinteren Teil des Kellers aussuchen wird. Warum dies? Nun, in der Bibliothek gibt es hinter einer Bücherwand einen Geheimgang, der direkt in den Weinkeller führt und im hinteren Teil des Kellers endet. Rowney wusste nichts davon. Du bist nach dem Schließen der Bibliothek sofort hinabgestiegen und hofftest, Rowney bei der Weinauswahl beobachten zu können.
Der Weg durch den Gang ist recht weit und als du gegen 23:15 Uhr im Gewölbe ankamst, lag Rowney bereits tot im Sessel. Du hast noch Schritte gehört, die sich entfernten. Dies war sicher der Mörder.
Carl Rowney starb also zwischen 23:00 Uhr und 23:10 Uhr. Du bist so rasch wie möglich zurückgelaufen und warst noch ziemlich außer Atem, als sich um 23:30 Uhr die Türe der Bibliothek wieder öffnete.

Was noch wichtig ist:
Marjorie und Arthur Smith verbindet etwas. Du weißt nicht genau, was es ist, aber die beiden teilen seit vielen Jahren ein Geheimnis, das spürst du einfach.
Susan war als junges Mädchen für ein Jahr euer Gast als Austauschschülerin. Sie blieb knapp 11 Monate und reiste dann plötzlich ab, ohne sich von dir zu verabschieden. Heute hast du sie zum ersten Mal wiedergesehen.

Damals hattest du immer den Eindruck, dass sie in Banister verliebt war; er war damals ja auch noch jung und ein wirklich gutaussehender Bursche.
Es wundert dich, dass Banister seinen Job aufgeben will. Wieso kann er sich dies leisten? Ist er zu Geld gekommen?

Vor einigen Monaten hat ein sehr renommiertes Musikinternat bei dir angefragt, ob ihr erneut einen Meisterschüler fördern würdet. Du hast auf diese Weise erfahren, dass Marjorie insgesamt 100.000 US-Dollar für Merils Klavierausbildung bezahlt hat. Das macht dich sprachlos. Woher hatte Marjorie so viel Geld und warum hat sie die Kosten für Merils Ausbildung übernommen?
Und:
Selbstverständlich fährt die Queen einen Bentley und niemals einen Rolls Royce.
Und auf der Hochzeit von Charles und Diana ward ihr auch nicht; Marjorie hat sich dies ausgedacht, um den Rolls für Rowney interessant zu machen.

Zum Schluss der Ermittlungen schreibt jeder für sich auf, wen er für den Täter hält und anschließend lösen wir den Fall gemeinsam auf.

Lady Marjorie Ashtenburry
Vorstellungstext bitte als 3. in der Runde vorlesen.

Nachdem mein Mann in der Bibliothek eingeschlossen wurde, habe ich kurz nach Banister gesehen. Es geht ihm wirklich schlecht, dem Ärmsten. Ich habe ihm gute Besserung gewünscht und ein paar Worte mit ihm gewechselt. Danach habe ich den Hund gesucht; er war ja spurlos verschwunden. Und da ich sehr tierliebend bin, hat mich dies sehr beunruhigt.

Ich habe keinen Grund, Carl Rowney etwas anzutun, obwohl ich sagen muss: Für die Entfernung des Brunnens vor dem Portal hätte er schon eine größere Strafe verdient. Er war wohl das, was man einen Kunstbanausen nennt.

Was könnte sonst noch für Sie wichtig sein?
Rowneys Tochter Susan war vor 18 Jahren für knapp ein Jahr unser Gast im Schloss. Es war eine Art Schüleraustausch, organisiert von den Landfrauen von Kent. Ich habe Susan heute zum ersten Mal wiedergesehen, wohl aber in den vergangenen Jahren öfters mit ihr telefoniert. Auf diese Weise erfuhren die Rowneys auch, dass das Schloss zum Verkauf steht.
Mr. Ted McDonald ist mir nicht bekannt und Carol und Carl kannte ich bisher auch nur flüchtig.
Der Notar Arthur Smith ist seit Jahrzehnten ein guter Freund unseres Hauses und seine Tochter Meril ist uns sehr ans Herz gewachsen. Sie hat schon als kleines Mädchen im Schloss Klavier gespielt und ihr Talent war absolut förderungswürdig.
Ich fürchte, ich werde kaum zur Klärung dieses Mordfalles beitragen können.

Was Marjorie sonst noch weiß:
Weitere Informationen für dich! Du darfst von all diesem Wissen in der Ermittlungsrunde Gebrauch machen! Wenn du etwas gefragt wirst, solltest du die Wahrheit sagen, denn du bist nicht der Täter und hast nichts zu befürchten.

Susan brachte damals, gut 10 Monate nach ihrer Ankunft, hier im Schloss ein kleines Mädchen zur Welt. Sie war zu dieser Zeit recht korpulent, daher ist die Schwangerschaft gar nicht aufgefallen. George war in diesen Tagen verreist. So hast du in den USA angerufen und Carl Rowney gefragt, was zu tun ist. Rowney versuchte damals gerade Gouverneur zu werden und befand sich mitten im Wahlkampf. Er hat dir erklärt, seine Tochter solle sich nicht erlauben, mit Baby nach Hause zu kommen. Du solltest das Kind wegbringen und Susan sofort nach Hause schicken. Außerdem hat er dir verboten, mit irgendjemandem darüber zu sprechen. Für dein Schweigen hat er dir 100.000 US Dollar überwiesen.
Du hast das Kind damals nicht zum Jugendamt, sondern zu Arthur und Beth Smith gebracht. Sie waren kinderlos, haben das Baby Meril genannt und adoptiert. Arthur hatte als Notar gute Verbindungen und so wurde der übliche Weg über die Behörden umgangen. Das Schweigegeld von Rowney hast du komplett in Merils Klavierausbildung investiert.
George hat von all dem nie etwas erfahren und auch Meril weiß nicht, dass sie adoptiert ist.
Susan hat dir bei Telefonaten in den letzten Jahren und auch heute persönlich sehr zugesetzt. Sie will endlich wissen, wo ihre Tochter ist.

Da du nicht wusstest, was du nun tun sollst, hast du heute, bei dem Spaziergang, ihre Mutter Carol eingeweiht und ihr von der Geburt damals erzählt. Du hast allerdings verschwiegen, dass Meril das gesuchte Kind ist. Carol wusste bisher nichts von alledem und war völlig entsetzt darüber. Noch schrecklicher fand sie aber, wie Carl damals reagiert hat. Sie wollte ihn sofort zur Rede stellen. Hat sie das getan?

George war, als er um 23:30 Uhr aus der Bibliothek kam, völlig außer Atem. Wie ist das möglich, wenn er nur gelesen hat? Hat er etwa den alten Geheimgang benutzt, der von der Bibliothek hinunter in den Weinkeller führt?

Selbstverständlich fährt die Queen einen Bentley und niemals einen Rolls Royce.
Auf der Hochzeit von Charles und Diana ward ihr auch nicht; Du hast dir dies ausgedacht, um den Rolls für Rowney interessant zu machen.

Zum Schluss der Ermittlungen schreibt jeder für sich auf, wen er für den Täter hält und anschließend lösen wir den Fall gemeinsam auf.

Susan Rowney
Vorstellungstext bitte als 4. in der Runde vorlesen

Zur Tatzeit war ich in meinem Schlafzimmer. Daher habe ich kein konkretes Alibi. Allerdings habe ich Teds Wasserleitung rauschen hören, er wohnt ja gleich neben mir im Zimmer. Ich glaube, er hat geduscht oder so was.

Carl war kein Bilderbuchvater. Für ihn gab es nur die Firma und seinen guten Ruf. Der war ihm wichtig! Außerdem zählte für ihn alles, was Status bedeutete. Dass er nun auch noch den Rolls Royce wollte, nur, weil die königliche Familie darin gefahren ist, passt zu ihm. Vor 18 Jahren stellte er sich als Gouverneur zur Wahl. Er schickte mich für das Wahlkampfjahr aus den USA weg, weil er Angst hatte, ich könnte als Jugendliche irgendeinen Fehler machen, der seiner Karriere als Politiker schadet. Also landete ich für gut 10 Monate hier im Schloss bei Lord und Lady Ashtenburry. In den Jahren danach habe ich regelmäßig mit Lady Ashtenburry telefoniert. Allerdings bin ich jetzt zum ersten Mal seit damals wieder hier. Normalerweise lebe ich in den USA und arbeite in unserer Firma.

Vielleicht werde ich jetzt ganz in England bleiben, denn ich habe heute erfahren, dass mein Vater diesen Ted McDonald zu seinem Nachfolger in der Firmenleitung machen wollte. Ich finde das wirklich unglaublich. Niemand von uns kannte Ted bisher und ich frage mich wirklich, was das soll. Vater hat mir gesagt, dies alles erkläre er heute Abend.

Außerdem hat er mir persönlich noch eine, wie er sich ausdrückte, gigantische Überraschung versprochen für Mitternacht. Leider werde ich nun wohl nicht mehr erfahren, um was es dabei ging.

Was Susan sonst noch weiß:
Weitere Informationen für dich! Du darfst von all diesem Wissen in der Ermittlungsrunde Gebrauch machen! Wenn du etwas gefragt wirst, solltest du die Wahrheit sagen, denn du bist nicht der Täter und hast nichts zu befürchten.

Du hast als Austauschschülerin ein Jahr hier verbracht und dich in Banister verliebt. Kurz vor deiner Rückreise in die USA hast du heimlich (s)ein Baby (Mädchen) zur Welt gebracht. Du hast dich Lady Marjorie anvertraut. Diese hat deinen Vater angerufen, der damals mitten im Wahlkampf war. Er war furchtbar um seinen Ruf besorgt und hat dir verboten, irgendjemand davon zu erzählen oder gar das Kind mitzubringen. Lady Marjorie hat das Baby weggebracht und du hast es nie wiedergesehen.
Eine Anfrage beim Jugendamt hat heute ergeben, dass dort kein Kind abgegeben wurde in dem betreffenden Zeitraum. Du hast Lady Marjorie daraufhin zur Rede gestellt, aber sie hat beharrlich geschwiegen.
Wo ist deine Tochter?

Heute hast du Banister in der Kapelle wiedergetroffen. Banister wusste von dem Baby bisher nichts, ebenso wenig wie deine Mutter. Heute hast du ihm alles erzählt. Gemeinsam wollt ihr versuchen, eure Tochter zu finden und einen Neuanfang zu machen. Deshalb wird Banister nicht mehr als Butler arbeiten. Du hast genug Geld.

Du hast deine Mutter heute Nachmittag aus dem Keller kommen sehen. Sie hatte eine Dose in der Hand. Was war in dieser Dose?
Du weißt, dass deine Eltern einen Ehevertrag haben. Sollte deine Mutter die Scheidung einreichen, bekommt sie eine äußerst geringe Abfindung.

Dass dieser Ted die Firmenleitung übernehmen soll, hast du
von einem deiner Mitarbeiter erfahren, der dich deshalb heute
aus den USA angerufen hat.
Wichtig: Dein Vater hatte eben noch einen handfesten Streit
mit Ted, dies hast du gehört, als du kurz am Büro deines Vaters
vorbeigegangen bist. Worum ging es bei diesem Streit?

*Zum Schluss der Ermittlungen schreibt jeder für sich auf, wen
er für den Täter hält und anschließend lösen wir den Fall
gemeinsam auf.*

Carol Rowney
Vorstellungstext bitte als 5. in der Runde vorlesen

Ich habe nicht vor, hier die trauernde Witwe zu spielen. Carl war ein eiskalter Dreckskerl, rücksichtslos und egoistisch. Am schlimmsten war es, als er vor 18 Jahren als Gouverneur kandidierte und Susan ins Ausland schickte. Er hatte panische Angst, sie könne als Teenager einen Fehler machen und seinen Ruf als Saubermann beschädigen. Ich bin froh, dass er die Wahl seinerzeit verloren hat, ansonsten wäre es wohl völlig unerträglich mit ihm geworden.
Nach Susans Rückkehr aus England, 10 Monate später, war sie erwachsen. Sie kam verändert nach Hause, war schweigsam, nachdenklich und wirkte oft ganz abwesend.
Aber zurück zu Carl: Vor 6 Wochen war er noch einmal in den USA, es gab im Konzern einiges zu regeln. Er kam seltsam gut gelaunt hierher zurück. Ich habe ihn mehrfach nach den Gründen befragt, aber er ist immer ausgewichen. Irgendetwas hat ihn scheinbar sehr glücklich gemacht.
Als der Lord in der Bibliothek eingeschlossen wurde, bin ich rüber in die Küche, um nach dem Nachtisch zu sehen. Ich habe Meril im Musikzimmer spielen hören; sie spielte die kleine Nachtmusik von Mozart. Meril ist einfach bezaubernd.

Was Carol sonst noch weiß:
Weitere Informationen für dich! Du darfst von all diesem Wissen in der Ermittlungsrunde Gebrauch machen!

Du hast seit einiger Zeit ein Verhältnis mit Arthur, dem Notar. Eine Scheidung kam bisher für dich aber nicht in Frage, denn du hast einen miesen Ehevertrag und würdest fast leer ausgehen, wenn du Carl verlässt.

Heute hast du diese Meinung revidiert, denn:
Lady Ashtenburry hat dir bei dem Spaziergang erzählt, dass Susan damals hier in Linley-Castle ein Kind zur Welt gebracht hat. Carl wurde informiert und hat verboten, es irgendjemandem zu sagen. Er wollte nicht, dass Susan mit dem Kind nach Hause kommt, weil er sich im Wahlkampf keinen Skandal leisten konnte. Daher hat Lady Ashtenburry das Kind zum Jugendamt gebracht und als Findelkind ausgegeben. Endlich hast du eine Erklärung für Susans Veränderung nach ihrer Rückkehr aus England.

Du warst entsetzt und hast Carl heute Nachmittag damit konfrontiert. Du hast ihm gesagt, dass du dich scheiden lässt. Er war sofort einverstanden und hat dir obendrein noch eröffnet, dass Ted McDonald sein Sohn ist und er ihn adoptieren wird. Du warst außer dir vor Wut und Hass auf diesen Mann. Daher hast du den Marillenkuchen, der immer für Carl in der Küche bereitsteht, mit Rattengift aus dem Keller bestreut. Einen zweiten Mordanschlag hast du nicht ausgeführt. Du bist also nicht unsere Haupttäterin.
Jetzt, wo Carl tot ist, erbst du die Hälfte seines Vermögens. Das nennt man ein Motiv und du wirst sicher unter Verdacht geraten.
Damit kannst du von dir ablenken:
Wer ist der Vater deiner Enkeltochter? Ist es etwa möglich,

dass Lord Ashtenburry …? Dies könnte doch immerhin sein.
Und wo ist das Kind heute? Es soll ein Mädchen sein.
Banister hat dir heute am frühen Abend erklärt, er würde nicht
mehr für euch arbeiten. Er ist es einfach leid, für einen so
unkultivierten Menschen zu arbeiten wie Carl. Dafür hast du
Verständnis, aber du wunderst dich schon, dass er sich das
leisten kann.
Kann hier jemand etwas dazu sagen?

***Gib auf keinen Fall ein Geständnis ab bezüglich des
Giftanschlages.***

*Zum Schluss der Ermittlungen schreibt jeder für sich auf, wen
er für den Täter hält und anschließend lösen wir den Fall
gemeinsam auf.*

Arthur Smith, Notar
Vorstellungstext bitte als 6. in der Runde vorlesen.

Mein Alibi? Nun, ehrlich gesagt habe ich keins. Ich bin gleich nachdem wir uns getrennt hatten, nach draußen gegangen und habe eine Zigarette geraucht. In der Ferne habe ich Lady Marjorie nach Erwin, dem Schäferhund, rufen hören. Gilt das als Alibi? Ich habe allerdings auch kein wirkliches Motiv, oder? Warum sollte ich Carl Rowney töten? Ich kannte ihn ja kaum. Was uns verband, war die Abwicklung von Geschäften, sonst nichts.
Ich bin seit vielen Jahren der Notar von Lord und Lady Ashtenburry und wir sind gut befreundet. Auch Meril ist den Ashtenburrys freundschaftlich sehr verbunden.

Was könnte Sie sonst noch interessieren?
Meril, meine Tochter, ist nach dem Tod meiner Frau vor 10 Jahren in verschiedenen Musikinternaten gewesen. Sie hat eine glänzende Karriere als Pianistin vor sich, ich bin sehr stolz auf sie. Zurzeit ist sie allerdings ausgesprochen bockig: Sie spricht kaum noch mit mir und ich bin etwas ratlos. Vermutlich ist das in dem Alter so. Ansonsten kann ich zurzeit nicht viel zu all dem hier sagen.

Was Arthur sonst noch weiß:
Weitere Informationen für dich! Du darfst von all diesem Wissen in der Ermittlungsrunde Gebrauch machen!

Meril ist adoptiert. Lady Ashtenburry hat sie euch vor 18 Jahren gebracht, da war sie höchstens 1 Tag alt. Sie ist die Tochter von Susan Rowney. Susan hat das Baby heimlich zur Welt gebracht, als sie zum Schüleraustausch auf Linley-Castle war. Meril weiß von alledem nichts und so soll es möglichst auch bleiben.
Heute, nach deiner Ankunft, hat Carl dir gesagt, er wisse, dass Meril sein Enkelkind ist. Wie er das erfahren hat, ist dir völlig schleierhaft. Carl kündigte an, Meril nach dem Konzert heute Abend die Wahrheit zu sagen. Du warst voller Sorge, denn Meril ist, wie viele Künstler, sehr sensibel. Du warst sehr wütend auf Carl. Jetzt, wo sie eine große Karriere als Pianistin vor sich hat, wollte Rowney sie plötzlich als Enkeltochter präsentieren. Damals aber, vor 18 Jahren, hat er Susan verboten, mit einem Kind zurück in die USA zu kommen. Du bist Carl um 23:00 Uhr in den Keller gefolgt, um ihn noch einmal zu bitten, Meril nichts zu sagen. Er hat dich ausgelacht und erklärt, die Wahrheit müsse ans Licht. Du hast Carl Rowney daraufhin im Affekt mit einer Weinflasche erschlagen. Du bist heute Abend unser Täter! Danach bist du dann raus vors Schloss gelaufen und hast eine Zigarette geraucht. Dabei hast du Marjorie nach dem Hund rufen hören.
Außerdem:
Du hast seit Monaten ein Verhältnis mit Carol. Carol hat die Scheidung bisher abgelehnt, weil sie einen sehr nachteiligen Ehevertrag unterzeichnet hat. Sie hätte, wenn sie Carl verlässt, keinen Dollar bekommen. Heute Abend aber hat sie dir gesagt, dass sie sich jetzt doch scheiden lassen will. Warum hat sie diese Entscheidung heute getroffen? Als Witwe erbt sie die Hälfte des Vermögens.

Lady Marjorie hat Merils Ausbildung auf dem Musikinternat bezahlt. Es waren 100.000 US Dollar in all den Jahren. Woher Marjorie das Geld hat, weißt du nicht.

Carl hat dir vor 6 Wochen gesagt, dass er einen unehelichen Sohn hat und ihn adoptieren möchte. Dieser Sohn ist Ted McDonald. Heute dann hat Carl dich plötzlich angerufen und in die Bibliothek bestellt. Er sagte dir, er habe ein Detektivbüro mit der Überprüfung von Ted beauftragt; bis zu dem Ergebnis sei die Adoption ausgesetzt.
Sprich Ted darauf an. Wie kam es zu diesem Sinneswandel bei Carl? Hat er etwas erfahren über Ted?

Lege auf keinen Fall ein Geständnis ab; auch andere sind verdächtig!

Zum Schluss der Ermittlungen schreibt jeder für sich auf, wen er für den Täter hält und anschließend lösen wir den Fall gemeinsam auf.

Meril Smith, Nachwuchspianistin
Vorstellungstext bitte als 7. in der Runde vorlesen

Als wir uns nach dem Abendessen getrennt haben, bin ich ins
Musikzimmer gegangen und habe noch ein bisschen Klavier
gespielt, denn ich sollte später ja dieses Privatkonzert geben.
Gespielt habe ich von 23:00 Uhr bis ca. 23:20 Uhr. Vielleicht
hat es jemand gehört, dann habe ich zumindest ein akustisches
Alibi. Danach war ich noch oben und habe mich etwas frisch
gemacht.
Um 23:30 Uhr war ich dann, wie alle anderen auch, wieder im
Speisesaal. Hier im Schloss gehe ich seit Kindertagen ein und
aus. Nach dem Verkauf war ich auch noch einige Male hier;
ich habe Carl Rowney sehr gemocht, er war ein prima Typ.
Vor 14 Tagen hatte ich noch eine längere Unterhaltung mit ihm
und im Anschluss bat er mich, dieses kleine Konzert hier zu
spielen. Dem bin ich gerne nachgekommen, denn Carl war ein
guter Zuhörer und Freund.
Mehr kann ich zu all dem wirklich nicht sagen.

Was Meril sonst noch weiß:
Weitere Informationen für dich! Du darfst von all diesem Wissen in der Ermittlungsrunde Gebrauch machen! Wenn du etwas gefragt wirst, solltest du die Wahrheit sagen, denn du bist nicht der Täter und hast nichts zu befürchten.

Vor gut 3 Wochen hast du durch Zufall deine Geburtsurkunde gefunden. Du hast so erfahren, dass du ein Adoptivkind bist. Als Geburtsort wurde „Linley-Castle" eingetragen und „Findelkind". Warum hat dein Vater dir das nie gesagt? Du hast ihn noch nicht darauf angesprochen und erwartest, dass er dir reinen Wein einschenkt. Und wer sind deine wirklichen Eltern? Bitte sprich das Thema nicht von dir aus an; warte, bis du von einer anderen Person damit konfrontiert wirst.
Dann kannst du die anderen damit überraschen, dass du längst Bescheid weißt.

Vor 2 Wochen, bei einem Besuch hier im Schloss, hast du Carl Rowney vertraulich von dieser Entdeckung erzählt. Carl hat mit viel Verständnis reagiert und dir versprochen, niemanden davon zu erzählen. Hinterher hattest du das Gefühl, dass Carl etwas über deine Herkunft weiß, aber er sagte nichts dazu.

Dein Vater Arthur hat ein Verhältnis mit Carol. Das weißt du, weil du die beiden bereits mehrmals zusammen in London gesehen hast. Auch dies hat dein Vater dir bisher verschwiegen. Warum?

Banister hat dir vor Jahren, bei einem Besuch hier im Schloss, einen Geheimgang gezeigt. Er führt direkt von der Bibliothek in den Weinkeller. Der Lord flunkert also, wenn er sagt, dass er eingeschlossen war. Er konnte jederzeit in den Weinkeller gehen. Der Geheimgang befindet sich hinter einer Bücherwand.

Das kannst du gleich ruhig mal sagen, denn es ist ja nicht unwichtig. Der Lord hat also kein Alibi. Auch das kannst du ruhig ansprechen.

Die Queen hat auch noch nie einen Rolls Royce, sondern immer Bentley gefahren und die Ashtenburrys waren auch nicht auf der Hochzeit von Charles und Diana. Seine Lordschaft scheint es mit der Wahrheit nicht so genau zu nehmen. Sprich auch das ruhig an.

Zum Schluss der Ermittlungen schreibt jeder für sich auf, wen er für den Täter hält und anschließend lösen wir den Fall gemeinsam auf.

Ted McDonald
Vorstellungstext bitte als 8. in der Runde vorlesen

Ich benötige kein Alibi und Sie werden gleich verstehen, warum. Ich bin wirklich der Letzte hier, der am Tod von Carl Rowney interessiert sein könnte, denn Carl Rowney war mein Vater. Er hatte vor 29 Jahren eine Affäre mit meiner Mutter. Sie war damals seine Sekretärin. Nach ihrem Tod habe ich Unterlagen gefunden, aus denen Carl Rowney eindeutig als mein Vater hervorging. Endlich habe ich verstanden, warum meine Mutter nie gearbeitet hat und sie mir die teuersten Schulen und die beste Ausbildung finanzieren konnte. Carl hat für alles bezahlt.
Ich habe Carl dann vor 6 Wochen in den USA aufgesucht und ihm gesagt, wer ich bin. Er war begeistert, mich endlich kennenzulernen und hat mich hierher nach Linley-Castle eingeladen, auch, damit ich endlich meine Halbschwester Susan kennenlernen kann. Außerdem wollte er mich in ein paar Tagen adoptieren.
Dies war wohl eine der Überraschungen, die Carl für Mitternacht angekündigt hatte. Sie sehen, ich hätte nur von einem lebenden Carl Rowney profitiert, denn adoptiert bin ich ja noch gar nicht.
Ich hoffe, Susan freut sich, einen Bruder zu haben.
In der Firma soll ich künftig die Leitung übernehmen. Dies war mit Carl so abgesprochen und wir haben auch schon die nötigen Arbeitsverträge unterzeichnet. Ich benötige eine tüchtige Assistentin, die mir hilft, mich in der Firma zurecht zu finden. Susan ist da sicher genau die Richtige.

Was Ted sonst noch weiß:
Weitere Informationen für dich! Du darfst von all diesem Wissen in der Ermittlungsrunde Gebrauch machen! Wenn du etwas gefragt wirst, solltest du die Wahrheit sagen, denn du bist nicht der Täter und hast nichts zu befürchten.

Du bist gleich nach dem Essen, gegen 23:00 Uhr, rauf in dein Zimmer. Da dir eiskalt war, hast du heiß geduscht. Dieses Schloss ist wirklich schlecht beheizt.

Natürlich erbst du auch ohne Adoption, denn du kannst per DNA deine Herkunft nachweisen. Du bist also durch den Tod von Carl auf jeden Fall ein gemachter Mann. Der Pflichtteil wird bei mehreren Millionen Dollar liegen.

Carls Geld kommt dir gerade recht, denn du hast leider sehr, sehr hohe Schulden. Du bist ein Spieler und zurzeit sind üble Typen aus Las Vages hinter dir her, um 400.000 US Dollar Spielschulden einzutreiben. Diese Kerle haben dich bis hierher verfolgt und heute Morgen hier im Dorf abgepasst und massiv bedroht.

Carl hat irgendwie davon erfahren; er hat dich heute zur Rede gestellt und dir erklärt, dass du keinen Cent vom ihm siehst, wenn du keine 100% saubere Weste hast.

Die Adoptionspläne, die er heute bekannt geben wollte, sollten nun ausgesetzt werden, bis die Überprüfung deiner Person durch ein Detektivbüro abgeschlossen ist.

Ihr hattet in seinem Büro heute einen handfesten Streit deswegen. Auch den Geschäftsleitungsposten wollte er aussetzen, bis der Bericht der Detektei vorliegt.

Trotzdem wollte er dich aber nach Mitternacht als seinen Sohn vorstellen, insofern war dies eine der angekündigten Überraschungen.

Susan war mit Banister, dem Butler, in der kleinen Kapelle. Du hast sie zusammen herauskommen sehen; sie wirkten seltsam

vertraut, geradezu, als wären sie ein Paar.
Die Milliardärstochter und der Butler? Ist das möglich?

Lord George Ashtenburry war eben, gegen 23:30 Uhr, als er
aus der Bibliothek „entlassen" wurde, seltsam außer Atem.
Wenn er nur gelesen hat, ist dies seltsam. Sprich ihn unbedingt
darauf an.

*Zum Schluss der Ermittlungen schreibt jeder für sich auf, wen
er für den Täter hält und anschließend lösen wir den Fall
gemeinsam auf.*

Mrs. Vinni McCloster, Köchin
Vorstellungstext bitte als 9. in der Runde vorlesen

Ich koche schon seit über 20 Jahren hier im Schloss. Seit die Ashtenburrys fort sind, ist natürlich nichts mehr so, wie früher. Aber ich bin nicht unzufrieden. Mr. Rowney hat zumindest mehr Gehalt bezahlt. Dies war wohl auch der Grund, warum Banister hiergeblieben ist.
Vor 18 Jahren habe ich auch Susan betreut, die uns damals für 1 Jahr besucht hat. Susan war damals allerdings eine sehr korpulente junge Frau. Sie hat sich sehr zu ihrem Vorteil verändert. Irgendwann reiste sie, noch vor Ablauf des vorgesehenen Jahres, ab. Ich habe das sehr bedauert, denn Susan hat damals sehr viel Leben ins Schloss gebracht.

Ich kann weiter nichts zu diesem Fall hier heute beitragen, denn ich bin die meiste Zeit in der Küche. Und dann musste ich ja auch noch servieren; da kriegt man vor lauter Arbeit gar nichts mit.

Was Mrs. McCloster sonst noch weiß:
Weitere Informationen für dich! Du darfst von all diesem Wissen in der Ermittlungsrunde Gebrauch machen! Wenn du etwas gefragt wirst, solltest du die Wahrheit sagen, denn du bist nicht der Täter und hast nichts zu befürchten.

Mr. Rowney bekommt täglich Marillenkuchen gebacken, er ist ganz verrückt darauf.

In der Ehe der Rowneys steht es nicht zum Besten; Carol und Carl scheinen sich nicht mehr viel zu sagen zu haben.

Ted McDonald hat schlechten Umgang, dies hat dir Banister erzählt.

Höre genau hin, was die anderen aussagen; da du eine Gastrolle hast, stehst du keinesfalls unter Verdacht und kannst so in Ruhe zuhören und deine Schlüsse ziehen.

Zum Schluss der Ermittlungen schreibt jeder für sich auf, wen er für den Täter hält und anschließend lösen wir den Fall gemeinsam auf.

Sergeant David Mulley
Vorstellungstext bitte als 10. in der Runde vorlesen

Ich bin der Assistent von Inspector Winter und ermittle sozusagen mit.
Wenn Sie etwas wissen, wenden Sie sich vertrauensvoll an uns. Vielen Dank.

Was David Mulley sonst noch weiß:
Weitere Informationen für dich! Du darfst von all diesem Wissen in der Ermittlungsrunde Gebrauch machen! Wenn du etwas gefragt wirst, solltest du die Wahrheit sagen, denn du bist nicht der Täter und hast nichts zu befürchten.

Du solltest alles Wesentliche aufschreiben, was hier heute Abend ermittelt wird. Glaube mir, vor lauter Erkenntnissen geht die Hälfte der selbigen unter. Am Schluss kannst du die richtigen Schlüsse ziehen oder noch einmal vorlesen, was ihr alles heraus gefunden habt.
Dies wird selbst den Inspector beeindrucken und die nächste Beförderung steht sicher auch bald an.

Zum Schluss der Ermittlungen schreibt jeder für sich auf, wen er für den Täter hält und anschließend lösen wir den Fall gemeinsam auf.

Aussage Neutraler Beobachter

Vorstellungstext bitte als letzter in der Runde vorlesen

Ich nehme als neutraler und unabhängiger Beobachter an dieser Ermittlungsrunde teil.

Dies ist insofern von Vorteil, als dass ich sehr genau hinhören und aufpassen kann, denn ich bin nicht so befangen wie alle anderen am Tisch.

Der Mörder kann sich also darauf gefasst machen, dass ich die Person bin, vor der er sich am meisten in Acht nehmen muss.

Ich werde sehr genau darauf achten, was die einzelnen Personen aussagen und bin sicher, dass ich dem Täter auf die Spur kommen werde.

Hinweise Neutraler Beobachter
Weitere Informationen für dich! Du darfst von all diesem Wissen in der Ermittlungsrunde Gebrauch machen! Wenn du etwas gefragt wirst, solltest du die Wahrheit sagen, denn du bist nicht der Täter und hast nichts zu befürchten.

Auf den ersten Blick kommt es dir vielleicht etwas langweilig vor, keine eigene Rolle zu haben. Das ist aber auf keinen Fall so, denn du hast als einziger am Tisch den Kopf frei und musst dich nicht mit eigenen Motiven und dergleichen beschäftigen. Einige der Personen, die hier am Tisch sitzen, haben ein kleines oder größeres Geheimnis - und diese Geheimnisse gilt es, herauszufinden. Oft gehen gute Ermittlungsansätze im Gespräch unter, weil neue Vorwürfe laut werden und das vorher Gesprochene in Vergessenheit gerät. Höre genau hin und versuche, jeder einzelnen Aussage auf den Grund zu gehen. Mach dir Notizen, wenn du etwas wichtig erachtest.
Sei darauf gefasst, dass du schon alleine wegen deiner Anwesenheit verdächtigt werden kannst. Verteidige dich vehement, denn du hast ja nichts getan.
Überlege dir eine gute Ausrede, warum du überhaupt von dem Mord erfahren hast. Warum warst du vor Ort? Wer hat dich informiert? Verbünde dich mit einem der Beschuldigten und verteidige ihn vehement, aber nur mit jemand, den du selbst als Täter ausschließt!
Bedenke: Die meisten Morde sind eine Beziehungstat und geschehen aus Eifersucht oder verschmähter Liebe. Aber auch die Gier darf nicht als Motiv unterschätzt werden. Der springende Punkt heute ist: Wer hatte ein Motiv, diese Tat zu begehen und wer die Gelegenheit?

Zum Schluss der Ermittlungen schreibt jeder für sich auf, wen er für den Täter hält und anschließend lösen wir den Fall gemeinsam auf.

Suchen wir heute Abend einen oder zwei Täter?
Wie wir erfahren haben, ist Erwin, der Schäferhund, einem Giftanschlag zum Opfer gefallen. Banister hat mit viel Glück überlebt, ein Bissen mehr von dem Marillenkuchen hätte gegebenenfalls auch zu seinem Tod geführt.
Rowney, für den der Kuchen wie jeden Tag bereitstand, hat diesen ersten Anschlag durch Zufall überlebt und starb später, zwischen 23:00 Uhr und 23:30 Uhr durch einen Schlag auf den Kopf.

Kommen wir zunächst zu dem Giftanschlag:
Wer konnte von dem täglichen Marillenkuchen wissen?
Es sind Carl Rowney selbst, Mrs. Carol Rowney, Banister und Mrs. McCloster, die Köchin.
Alle anderen sind Gäste und wohnen nicht ständig im Schloss.
Rowney wird den Kuchen nicht selbst vergiftet haben und Banister sicher auch nicht, sonst hätte er wohl kaum hineingebissen.
Bleiben also die Köchin und die Ehefrau, Mrs. Carol Rowney.
Es gibt wohl keinen Zweifel, dass sie ihren Mann vergiften wollte.
Zum Motiv kommen wir gleich, aber generell stellt sich die Frage: Hat sie sich auch in den Keller geschlichen und ihren Mann erschlagen?

Was konnte man heute Abend ermitteln:

Lord Ashtenburry:
Der Lord saß zur Tatzeit angeblich in der Bibliothek. Es gibt einen Geheimgang von dieser hinunter in den Weinkeller, der im hinteren Teil des Kellers endet. Er hat diesen Weg genommen und kam gegen 23:15 Uhr im Weinkeller an. Er

hoffte, Rowney bei der Auswahl des Weines beobachten zu können. Banister hat im Vorfeld dafür gesorgt, dass im vorderen Teil das Licht defekt war; die Männer gingen davon aus, dass Rowney nicht durchs Dunkle tappen würde, um seine Auswahl zu treffen.

Ashtenburry sagt, Rowney sei bereits tot gewesen und er habe Schritte gehört, die sich entfernten. Diese Schritte gehörten sicher dem Mörder. Wir können nun also, wenn wir ihm glauben, die Tatzeit eingrenzen. Der Mörder hat zwischen 23:00 Uhr und 23:15 Uhr zugeschlagen.

Der Lord hat kein Motiv. Er wollte heute Abend das Schloss für den National Trust zurückgewinnen. Warum hätte er Rowney also töten sollen?

Lady Ashtenburry:

Lady Ashtenburry hat vor 18 Jahren auf Befehl von Carl Rowney das Baby von Susan fortgebracht. Arthur und Beth Smith haben das Kind Meril genannt und liebevoll großgezogen.

Carl Rowney hat ihr damals 100.000 Dollar Schweigegeld gezahlt. Dieses Geld hat die Lady komplett in Merils Ausbildung zur Pianistin gesteckt. Von all dem wusste der Lord die ganzen Jahre nichts.

Lady Ashtenburry hat heute Nachmittag am See die bis dahin auch ahnungslose Carol Rowney in die Geschehnisse von damals eingeweiht.

Ein Motiv, Carl Rowney zu töten, hat die Lady nicht. Auch sie war daran interessiert, das Schloss für den National Trust zurückzugewinnen. Außerdem hat sie ein Alibi. Sie sagt, sie hat gegen 23:00 Uhr zunächst Banister einen Krankenbesuch abgestattet und später im Park den Hund gesucht.

Wenn wir annehmen, dass der Krankenbesuch bei Banister gute 10 Minuten gedauert hat war sie gegen 23:15 Uhr im Park. Zur Tatzeit war sie also bei Banister.

Susan Rowney:
Susan war vor 18 Jahren schon einmal als Austauschschülerin
hier im Schloss. Sie brachte damals ein Kind zur Welt.
Inzwischen wissen Sie, dass Meril dieses Kind ist. Vater des
Kindes ist Banister, den sie heute in der Kapelle wieder
getroffen hat. Sie hat Banister heute erst von dem Baby
berichtet. Als junge Frau war sie sehr korpulent, niemand hat
damals etwas von der Schwangerschaft bemerkt.
Susan hat erfahren, dass der bisher völlig unbekannte Ted
McDonald die Firmenleitung übernehmen sollte. Dass Ted
zudem ihr Halbbruder ist, hat sie erst nach dem Mord hier
durch die Ermittlungen erfahren. Auch wenn wir annehmen,
dass in der Person Ted ein Motiv für Susan liegen könnte,
müssen wir feststellen: Susan hat ein Alibi.
Sie sagt zwar, dass sie zwischen 23:00 Uhr und 23:30 Uhr in
ihrem Zimmer war. Sie hat aber zur Tatzeit in Teds Zimmer
nebenan die Wasserleitung rauschen hören.

Carol Rowney:
Carol hat gleich mehrere Motive.
Sie hat heute erfahren, dass ihr Mann verhindert hat, dass
Susan damals mit ihrem Baby nach Hause kam. Susan, die sich
nach ihrem Aufenthalt in England so sehr verändert hat,
musste 18 Jahre ohne ihr Kind auskommen. Sie selbst hat ihr
Enkelkind nicht aufwachsen sehen ... und dies alles nur wegen
des Wahlkampfes in den USA. Kein Wunder, dass Mrs.
Rowney mehr als wütend auf ihren Mann war.
Außerdem hat sie, ebenfalls heute, erfahren, dass ihr Mann
einen unehelichen Sohn hat. Dieser Ted ist 30 Jahre alt und
damit steht fest, dass er während ihrer Ehe mit der Sekretärin
von Carl gezeugt wurde.
Carol hat zudem ein Verhältnis mit Arthur Smith. Durch einen
üblen Ehevertrag wäre ihr im Falle einer Scheidung kein Cent

geblieben. Carol hat heute zum Gift gegriffen und den Marillenkuchen vergiftet.

Zur Tatzeit am Abend aber ist sie in der Küche gewesen und hat Meril nebenan im Musikzimmer spielen hören.

Insofern scheidet auch Carol für den Mord an ihrem Mann aus.

Ted McDonald:

Ted hat natürlich auch ein Motiv, denn erben wird er auch ohne Adoption. Er kann per DNA nachweisen, dass Carl sein Vater war. Alleine der Pflichtteil wird Millionen betragen. Diese kann er auch gut gebrauchen, denn Ted hat Spielschulden und ein paar wirklich dunkle Typen sind ihm bis hierher nach England gefolgt. Banister hat ihn mit diesen Typen beobachtet und Mr. Rowney davon berichtet. Daraufhin hat Rowney die Adoption gestoppt. Er hatte aufgrund dieser Erkenntnisse einen Streit mit Ted, der von Susan gehört wurde.

Ted hat aber ebenfalls ein Alibi. Er hat zur Tatzeit geduscht und dieses Duschen hat Susan nebenan im Zimmer gehört. Er konnte nicht davon ausgehen, dass Susan dies hört; als fingiertes Alibi hätte er das Duschen also keinesfalls eingesetzt.

Meril:

Hat vor 2 Wochen erfahren, dass sie ein Findelkind ist. Von dieser Entdeckung hat sie Carl Rowney vor 2 Wochen bei einem Gespräch hier im Schloss erzählt. Sie konnte nicht ahnen, dass ihr Großvater vor ihr stand.

Meril hat kein Motiv, aber ein Alibi. Sie hat zur Tatzeit Klavier gespielt; Carol hat sie in der Küche spielen hören.

Arthur Smith:

Arthur Smith hat die kleine Meril damals, gemeinsam mit seiner Frau, adoptiert und liebevoll großgezogen. Sie haben Meril zu dem gemacht, was sie heute ist.

Arthur hat zudem ein Verhältnis mit Carol.

Heute hat Carl Arthur auf den Kopf zugesagt, dass er der Großvater von Meril ist. Rowney wusste es ja durch das Gespräch vor 2 Wochen hier im Schloss von Meril selbst. Er hat Arthur gesagt, er würde dies heute Abend, nach Mitternacht bekannt geben. Dies war auch die angekündigte Überraschung für Susan.

Er wollte ihr um Mitternacht die Tochter präsentieren; noch dazu eine Tochter, die eine glänzende Karriere vor sich hatte. Das war etwas für Rowney, der Schlösser, Schäferhunde und Rolls Royce liebte. Die berühmte Enkeltochter wollte er jetzt plötzlich für sich und seine Familie.

Arthur war verzweifelt und lief gleich nach 23:00 Uhr hinter Rowney her in den Keller.

Es kam zum Streit wegen Meril und Arthur hat den Texaner im Affekt erschlagen.

Dann lief er in den Park und hörte Lady Marjorie nach dem Hund rufen.

Wir wissen aber, dass dies erst nach 23:15 Uhr gewesen sein kann, denn die Lady hat ja vorher noch den Butler besucht.

Arthur ist der einzige in der Runde, der ein Motiv, aber kein Alibi für die Zeit von 23:00 Uhr bis 23:15 Uhr hat.

Arthur ist unser Täter.

Der Applaus wollte gar nicht enden!
Erschöpft aber glücklich erhob sich Meril von ihrem Klavierhocker und stöckelte etwas unbeholfen ein paar Schritte nach vorne, an den Rand der Bühne.
Sie verneigte sich mehrfach und als sich das Publikum in der New Yorker Carnegie Hall erhob, um ihr stehend zu applaudieren, entdeckte sie ihre Eltern in der ersten Reihe.
„Kneif mich mal", flüsterte Susan zu Thomas Banister und wischte sich eine Träne aus den Augenwinkeln. „Irgendwie ist das alles zu schön, um wirklich wahr zu sein!"

Inspector Winter und David Mulley saßen in einem der großen weißen Zelte, die rund um Schloss Linley-Castle aufgebaut worden waren und tranken einen Tee.
Der Inspector sah auf die Uhr.
„Wo bleiben der Lord und die Lady nur? In 10 Minuten soll das Band von seiner Lordschaft durchschnitten und das Schloss offiziell dem National Trust übergeben werden. Was machen wir, wenn der Lord nicht kommt?"
„Nun, Sir, ich denke, wenn der Lord nicht kommt, dann wird Mrs. Carol Rowney das Band durchschneiden. Schließlich hat der Trust ihr diese großzügige Schenkung zu verdanken!"
Der Inspector schüttelte den Kopf.
„Sie sind nicht auf dem Laufenden, Mulley! Mrs. Rowney ist mit Arthur Smith und Mr. Ted bereits gestern in die USA gereist, um den Nachlass von Mr. Rowney zu regeln und Mr. Ted in die Geschäfte einzuführen. Ich wüsste beim besten Willen nicht, wer das Schloss übergeben soll, wenn der Lord und die Lady ausfallen.
„Nun, Sir, es sollte auf jeden Fall jemand sein, der schon lange im Schloss lebt und viel über seine Geschichte und die Bewohner weiß", stellte Mulley nachdenklich fest.

Dann fiel sein Blick plötzlich auf Vinni McCloster, die soeben ein neues Tablett mit Marillenkuchen aus der Küche brachte und an einem der Kuchenbuffets abstellte.
Mulleys Miene hellte sich auf.
„Ich glaube, Sir, ich hätte da schon eine passende Person gefunden!"

„Um Himmels willen, was ist denn das?", rief Lady Marjorie erschrocken und blickte auf das weiße Rauchwölkchen, das aus der Motorhaube des Rolls Royce aufstieg.
Der Wagen rumpelte auf dem abgelegenen Feldweg noch einige Meter weiter, dann blieb er stehen.
„Sag bloß, wir haben eine Panne, George! Wir sind sowieso schon spät dran! Meinst du, er wird wieder anspringen?"
Der Lord stieg wortlos aus und öffnete die Motorhaube.
Marjorie kurbelte das Fenster hinunter und lehnte sich hinaus.
„Kannst du etwas erkennen?"
Ashtenburry schüttelte den Kopf und sah zu seiner Frau hinüber.
„Ich fürchte", sagte er dann, „da ist nichts mehr zu machen! Wir werden zu Fuß nach Hause zurückgehen müssen!"
„Oh. Das tut mir aber leid, George. Du solltest doch das Band durchschneiden und das Schloss an den National Trust übergeben!"
Der Lord winkte ab und ging zum Kofferraum.
„Weißt du, Marjorie", sagte er, als er kurz darauf mit 2 Paar Gummistiefeln zurückkehrte und seiner Frau eines davon durch das Fenster reichte, „ehrlich gesagt hatte ich ohnehin nicht sehr große Lust darauf, dieses Band zu durchschneiden und der Trust bekommt das Schloss zweifelsohne auch ohne dieses Tamtam oder unser Zutun!"
Die Lady blickte ihren Mann erstaunt an und stieg nun ebenfalls aus dem Wagen.
„Aber ich dachte, du freust dich so, dass das Schloss nun

übergeben und erhalten wird. Sie wollen sogar den alten Brunnen wieder aufbauen!"

„Natürlich freue ich mich", erklärte der Lord lächelnd, „aber Feste dieser Größe sind wirklich nichts, um was ich mich reiße. Und ist ein Spaziergang über die schottischen Felder nicht die viel bessere Alternative?"

Marjorie lehnte sich an den Wagen und sah sich um.

Die kantige und raue Natur Schottlands, die George und sie so liebten, reichte, soweit das Auge blickte.

„Du hast wie immer recht, George!", stellte die Lady fest und nahm ihren Mann an die Hand.

„Lass uns nach Hause gehen, in unser wunderbar beheiztes Landhaus!"

-ENDE-

Autorenportrait

Cornelia H.-Müller ist seit 2006 als
Autorin tätig. Ihr Genre sind
Mitspielkrimis,
Kinderspielgeschichten und
Theaterstücke.

Autorenkontakt über
glashauskrimi@glashauskrimi.de

Besuchen Sie Cornelia H.-Müller auf ihrer Homepage:

www.glashauskrimi.de

Weitere Bücher von Cornelia H.-Müller, erschienen im Edition Paashaas Verlag:

Krimiparty:
5 neue Fälle für Ihre Ermittlungen zu Hause
Edition Paashaas Verlag
2. Ausgabe, April 2015,
Paperback, 188 Seiten
ISBN: 978-3-9813928-8-3,
13,95 €

Entdecken Sie Ihren kriminalistischen Spürsinn!
Mithilfe dieses Buches können Sie zu Hause gemeinsam mit Ihren Familienmitgliedern und Gästen auf Tätersuche gehen. Sie ermitteln und befragen, Sie bewerten Tatsachen und Aussagen und Sie finden schließlich heraus, wer der Täter oder die Täterin ist.

Diese Krimis finden Sie in dem Buch:

Irrtum oder Absicht? - Für 5-7 Spieler
Mord in bester Gesellschaft - Für 6 Spieler
Muttertag - Für 8-10 Spieler
Mann über Bord - Für 7-10 Spieler
Feine Verhältnisse! - Für 7-10 Spieler

Altersempfehlung: 12 bis 99 Jahre

**Krimiparty Sonderausgabe 1:
Plötzlich und erwartet**

*Ein Fall mit Kommissarin Henriette
Kragenberg*

Cornelia H.-Müller
1. Ausgabe, September 2012
Paperback, 72 Seiten,
ISBN: 978-3-942614-25-2,
7,95 €

Cornelia H.-Müller präsentiert einen weiteren Fall aus der
beliebten Mitspiel-Krimi-Reihe Krimiparty:

Karl-Friedrich von Staffelberg, ein wohlhabender
Gewürzfabrikant, lädt seine Familie und einige Freunde zu
einem feierlichen Weihnachtsessen ein. Zum ersten Mal ist in
diesem Jahr auch Karl-Friedrichs frischangetraute dritte
Ehefrau, die junge und schöne Jaqueline, dabei.
Dies wäre kaum erwähnenswert, stünden nicht auch die beiden
Ex-Ehefrauen des Fabrikanten, Irene und Monika, auf der
Gästeliste. Zu alledem sieht sich der Gastgeber am
Weihnachtsabend mit wirklich ärgerlichen Indiskretionen
konfrontiert! Dennoch endet das Fest ganz harmonisch, doch
am nächsten Morgen gibt es einen Toten in der Villa zu
beklagen...

Helfen Sie mit, diesen mysteriösen Todesfall aufzuklären!

Mitspieler: 7 bis 10 Personen
Altersempfehlung: 12 bis 99 Jahre

**Krimiparty Sonderausgabe 2:
Workshop mit Todesfolge**

Ein Krimi aus dem Allgäu.

Cornelia H.-Müller
1. Ausgabe, Januar 2013
Paperback, 72 Seiten,
ISBN: 978-3-942614-39-9,
7,95 €

Cornelia H.-Müller präsentiert einen weiteren Fall aus der beliebten Mitspiel-Krimi-Reihe "Krimiparty":

Toni Burger führt gemeinsam mit seiner Frau Zenzia einen einsam gelegenen Sennerhof inmitten des wunderschönen Allgäus. An einem Wochenende trifft sich dort oben auf 1800 m eine recht gemischte Reisegruppe, um mit einem Fasten- und Meditationsprogramm dem Alltag, zumindest für kurze Zeit, zu entfliehen.
Ganz so friedlich wie die Wollschweine, die der Toni züchtet, ist die Gegend allerdings nicht, denn schon am zweiten Tag gibt es einen Toten zu beklagen.

Warum dieser sterben musste, was ein Wollschwein-Workshop unter Männern damit zu tun hat und warum ein Sylter Strandkorb auf einem Sennerhof im Allgäu steht... dies herauszufinden, wird Ihre Aufgabe sein.

Mitspieler: 7 bis 10 Personen
Altersempfehlung: 12-99 Jahre

**Krimiparty Sonderausgabe 3:
Die Rache**

A Thriller - für Ladies only.

Cornelia H.-Müller
ISBN: 978-3-942614-41-2
72 Seiten, Paperback,
Format 13,5 x 21,5 cm
7,95 €
Neuerscheinung März 2013

Die Rache ist süß... und manchmal zartbitter!

8 Frauen treffen sich an einem Wochenende im November in dem einsam gelegenen Landhaus der schwerreichen Camilla von Strelitz. Dort, in den Highlands nahe Iverness, sorgen ein Stromausfall, ein durchgebrannter Gaul und ein Todesfall für reichlich Abwechslung. Ermitteln Sie mit, wenn wir versuchen, etwas Licht in diesen nebulösen Fall zu bringen.

Mitspieler: 7 bis 10 Personen
Altersempfehlung: 12-99 Jahre

**Krimiparty Sonderausgabe 4:
MorgenGrauen**

Ein Mitspielkrimi aus Bayern

Cornelia H.-Müller
ISBN: 978-3-942614-58-0,
Paperback, 68 Seiten,
Format: 13,5 x 21,5 cm
7,95 €
Neuerscheinung November 2013

Lokalzeitung Wulfrathshausen:
Der Brauereibesitzer Konrad Weiblinger wurde bei einem
Jagdunfall im Wulfrathshausener Forst tödlich verletzt.
Nähere Umstände zu dem tragischen Unglück sind bislang
nicht bekannt. Der Unternehmer war weit über die Grenzen
Bayerns hinaus bekannt und geschätzt. Besonders tragisch ist,
dass Konrad Weiblinger am kommenden Montag die
Münchner Immobilienhändlerin Susanne Schwammberger
heiraten wollte...

Mitspieler: 7 bis 10 Personen
Altersempfehlung: 12 bis 99 Jahre

**Krimiparty Sonderausgabe 5:
Spargelsilvester**

Ein ländlicher Krimi nicht nur zur
Spargelzeit!

Cornelia H.-Müller
Paperback, 68 Seiten,
Format: 13,5 x 21,5 cm
ISBN: 978-3-942614-71-9,
7,95 €

Harry Petterson, Spargelbauer und Besitzer von Gut
Landswede in Schleswig-Holstein, hat großen Grund zur
Sorge. Ein hässlicher Erbstreit trübt die Stimmung in der
Familie ebenso, wie das außergewöhnliche Geschenk, welches
Hetty dem gemeinsamen Sohn Heiko ohne jede Absprache
zum 22. Geburtstag gemacht hat.

Und Tochter Syke? Sie treibt sich neuerdings auffällig oft im
Heu herum und zickt mit ihrer aus Amerika angereisten Kusine
Jaba um die Wette.
Als das für die Landarbeiter, Freunde und Nachbarn
ausgerichtete Spargelfest zum Saisonende für einen der
Bewohner des Hofes tödlich endet, beginnt der Alptraum für
Harry und die Seinen allerdings erst so richtig!

*Und als besonderes Highlight gibt es passend zum Krimi noch
ein Spargelrezept von Sternekoch Sascha Stemberg!*

Mitspieler: 7 bis 10 Personen
Altersempfehlung: 12-99 Jahre

**Krimiparty Sonderausgabe 6 - Inkognito
- *ein Hotelkrimi***

Cornelia H.-Müller
ISBN: 978-3-945725-12-2
Paperback, 76 Seiten,
Format 13,5 x 21,5 cm
7,95 €
Neuerscheinung Februar 2015

Krimiparty Sonderausgabe 6 - Inkognito
Cornelia H.-Müller präsentiert einen weiteren Fall aus der
beliebten Mitspiel-Krimi-Reihe "Krimiparty":

Spitzenkoch Jaques Pampelmues steht vor seinem größten
Triumph; nachdem sein Kochbuch „Jaques á la Carte" seit
Wochen auf den Bestsellerlisten steht, plant der
Fernsehproduzent Frank Bachhausen jetzt eine eigene
Kochshow im TV mit ihm. Man sollte annehmen, dies seien
wunderbare Nachrichten für Jaques und seine tüchtige Frau
Wanda, aber warum zickt Letztere plötzlich so herum? Und
warum checkt die Schauspielerin Vanessa Steenhagen unter
falschem Namen im Hotel Pampelmues ein?
Eine Leiche in Zimmer 223, ein Feueralarm und zwei
vertauschte Koffer führen zu weiterer Verwirrung in diesem
undurchsichtigen Fall.

Ermitteln Sie mit, wenn wir versuchen, die seltsamen
Vorgänge im Hotel aufzuklären.

Mitspieler: 7 bis 11 Personen
Altersempfehlung: 12-99 Jahre

Krimiparty Sonderausgabe 7
Bayern-Spezial

Cornelia H.-Müller
mit 2 Fällen: MorgenGrauen + Neues aus
Wulfrathshausen
Paperback, 144 Seiten,
Format: 13,5 x 21,5 cm
ISBN: 978-3-945725-45-0
11,95 €
März 2016

Krimiparty Sonderausgabe 7 "Bayern-Spezial"
Cornelia H.-Müller präsentiert 2 Fälle aus Bayern aus der beliebten
Mitspiel-Krimi-Reihe "Krimiparty".

- Fall 1: MorgenGrauen
- Fall 2: Neues aus Wulfrathshausen

Beide Kriminalfälle sind unabhängig voneinander spielbar.

Mitspieler: 7 bis 11 Personen;
Altersempfehlung: 12-99 Jahre

**Krimiparty Sonderausgabe 8:
Der fast perfekte Mord - ein Sylt-Krimi**

Cornelia H.-Müller
ISBN: 978-3-945725-84-9
Paperback, 104 Seiten,
Format 13, 5 x 21,5 cm
Neuerscheinung September 2016
7,95 €

Der fast perfekte Mord - ein Sylt-Krimi.
Auch ein so traumhafter Ort wie die wunderschöne Insel Sylt
ist vor Verbrechen nicht gefeit. Kommissar Ludger Hansen hat
in diesem Mitspielkrimi von Cornelia H.-Müller den Mord an
einem Finanzbeamten aufzuklären.

Beinahe zeitgleich zu dem Verbrechen gab es am Strand von
Hörnum einen seltsamen Unfall mit einem Schwerverletzten.
Hängen beide Fälle zusammen oder ist dies einfach nur Zufall?

Mitspieler: 7 bis 11 Personen
Altersempfehlung: 12-99 Jahre

Krimiparty Kids - Band 1

Kunstraub in New York
Cornelia H.-Müller
Cover-Motive:
Marc Tollas / pixelio.de
Jens Kühnemund / pixelio.de
Cover designed by Michael Frädrich
© Edition Paashaas Verlag,
ISBN: 978-3-945725-25-2
Neuerscheinung Juli 2015
Paperback, 56 Seiten,
Format 13, 5 x 21,5 cm
€ 7,95

Krimiparty Kids: Kunstraub in New York!
Der Künstler Harm Airbrush wittert die Chance seines
Lebens, als eine New Yorker Galeristin völlig überraschend
einen Besuch in seinem Hamburger Atelier ankündigt.
Sie ist allerdings nur an einem einzigen Bild interessiert und
dieses verschwindet wenig später auf rätselhafte Weise. Die
Ermittlungen führen unsere Mitspieler bis nach New York.
Werden sie den Kunstdieb entlarven können?

*Krimis lesen ist spannend, aber selbst einmal in einem
Kriminalfall mitzuspielen und zu ermitteln, ist noch viel
interessanter!*

**Anders als bei der beliebten Krimiparty-Reihe geht es bei
Krimiparty Kids nicht um Mord. Daher sind diese
Ermittlungen auch für ein jüngeres Publikum bestens
geeignet.**
Altersempfehlung: ab 12 Jahren
Mitspieler: 6 bis 7 Personen

Alle Bücher sind unter: www.verlag-epv.de zu bestellen
oder auch überall im Buchhandel erhältlich.

Selbstverständlich finden Sie im Download-Bereich zu allen
Krimis das benötigte Material.

Außerdem gibt es auch weitere Informationen zur Autorin
und Leseproben.